Matando o tempo

FUNDAÇÃO EDITORA DA UNESP

Presidente do Conselho Curador
Herman Jacobus Cornelis Voorwald

Diretor-Presidente
José Castilho Marques Neto

Editor-Executivo
Jézio Hernani Bomfim Gutierre

Conselho Editorial Acadêmico
Alberto Tsuyoshi Ikeda
Áureo Busetto
Célia Aparecida Ferreira Tolentino
Eda Maria Góes
Elisabete Maniglia
Elisabeth Criscuolo Urbinati
Ildeberto Muniz de Almeida
Maria de Lourdes Ortiz Gandini Baldan
Nilson Ghirardello
Vicente Pleitez

Editores-Assistentes
Anderson Nobara
Henrique Zanardi
Jorge Pereira Filho

Paul K. Feyerabend

Matando o tempo
Uma autobiografia

Tradução de
Raul Fiker

Copyright © 1994 by Gius. Laterza & Figli Spa.
Edição em português feita por mediação da Eulama Literacy Agency.
Título em italiano: *Ammazzando il tempo*.

Copyright © 1996 by Fundação Editora da UNESP (FEU)
Praça da Sé, 108
01001-900 – São Paulo – SP
Tel.: (0xx11) 3242-7171
Fax: (0xx11) 3242-7172
www.editoraunesp.com.br
www.livrariaunesp.com.br
feu@editora.unesp.br

Dados Internacionais de Catalogação na Publicação (CIP)
(Câmara Brasileira do Livro, SP, Brasil)

Feyerabend, Paul K., 1924-1994.
    Matando o tempo: uma autobiografia / Paul K. Feyerabend;
tradução de Raul Fiker. – São Paulo: Editora da Universidade
Estadual Paulista, 1996. – (Prismas)

    Título original: Ammazzando il tempo: un'a autobiografia.
    ISBN 85-7139-130-0

    1. Ciência – Filosofia 2. Feyerabend, Paul K., 1924-1994
3. Filósofos – Áustria – Biografia I. Título. II. Série.

96-3123   CDD-193

Índice para catálogo sistemático:
    1. Filósofos austríacos: Autobiografia   193

Editora afiliada:

Sumário

1 Família *11*
2 Crescendo *21*
3 Colégio *31*
4 Ocupação e guerra *45*
5 Apolda e Weimar *63*
6 Universidade e primeiras viagens *71*
7 Sexo, canto e eletrodinâmica *87*
8 Londres e depois *95*
9 Bristol *109*
10 Berkeley – os primeiros vinte anos *119*
11 Londres, Berlim e Nova Zelândia *135*
12 *Contra o Método* *147*
13 Brighton, Kassel e Zurique *169*
14 Casamento e aposentadoria *181*
15 Esmaecimento *193*

Para Bubilein

Einstweilen bis den Bau der Welt
Philosophie zusammenhält.
Erhält sie das Getriebe
Durch Hunger und durch Liebe.

J. F. C. von Schiller, *Die Taten der Philosophen* (1795):
de 1803 mais nota com o título *Die Weltweisen*

1 Família

Há alguns anos, interessei-me por meus ancestrais e pelos primeiros anos de minha vida. O motivo principal era o quinquagésimo aniversário da unificação da Áustria com a Alemanha (1938). Acompanhei os eventos da Suíça, onde lecionava na época. Os austríacos saudaram Hitler com enorme entusiasmo; agora ouvia vigorosas condenações e ressonantes apelos humanitários. Nem todos eles eram desonestos; entretanto me pareceram um tanto vãos. Atribuí isto à sua generalidade e pensei que um relato pessoal pudesse ser uma melhor maneira de olhar para a história. Eu estava também um tanto curioso. Após quatro décadas de ensino em universidades anglo-americanas eu quase esquecera meus anos no Terceiro Reich, primeiro como estudante, depois como soldado na França, Iugoslávia, Rússia e Polônia. Mesmo meus pais haviam se tornado estranhos. Quem eram aquelas pessoas que me criaram, ensinaram-me uma língua, fizeram de mim um otimista nervoso e ainda invadem vez por outra meus sonhos? E como foi que aconteceu que acabei me tornando um intelectual sofrível, um professor raso, com um salário regular, uma reputação controvertida e uma esposa maravilhosa?

Não é fácil responder a estas questões. Nunca escrevi um diário, não guardo cartas, nem mesmo de ganhadores do Prêmio Nobel, e joguei fora um álbum de família para dar espaço ao que então eu acreditava serem livros mais importantes. Os únicos papéis que sobreviveram, mais por acidente do que por desígnio, são as certidões de nascimento, casamento e óbito de meus pais, avós e de alguns bisavós. Meu pai os juntou em 1939, quando os funcionários públicos austríacos tiveram que provar sua ascendência ariana. A partir dos documentos em nosso poder, ele escreveu aos registros das igrejas, usou suas respostas para investigações ulteriores até que as informações se exaurissem. Tenho também os registros oficiais da carreira militar de meu pai, meus relatórios escolares, detalhes administrativos de meu serviço no exército alemão (*Soldbuch*) e um caderno com aulas que dei em 1944. Ao esvaziar meu escritório e meu guarda-roupa antes de partir para a Itália em 1989, encontrei material adicional. Havia cartas, agendas de bolso, contas, números de telefone, fotos e documentos dos quais me havia esquecido completamente.

Usando este material, posso relatar que meu avô do lado materno desposou uma mulher vinte anos mais jovem do que ele; que o nascimento de minha mãe foi legalizado 22 anos depois de ela ter nascido; que meu avô paterno era filho ilegítimo de Helena Feierabend: ocupação "dona de casa" (*Gästin*); que ele substituiu o "i" em "Feierabend" (que é uma palavra comum em alemão, significando "matar o tempo") pelo mais exótico "y"; e que desposou Maria, nascida Bizjak ou Pezjak, uma eslovena de Bohinjska Bela. Conheci Maria quando eu tinha cerca de sete anos. Ela estava sentada num canto de uma grande sala, com roupas escuras de camponesa. Embora já ligeiramente senil, ela era uma presença impositiva. Num alemão com forte sotaque ela contou-me a história de seus dois casamentos. "Casei-me com um ferroviário", disse ela; "ele morreu; mas *logo* – e aqui ela levantou a voz – casei-me com outro ferroviário". Então ela começou a história toda de novo. Contou-me também como melhorava sua visão lavando os olhos com água e sabão: "Dói – mas lhe dá uma visão limpa". Esta foi a única ocasião em que a vi, foi há muito tempo e eu era um garotinho confuso; contudo, frequentemente lembro-me dela com tristeza, com uma sensação de perda.

Meu pai tinha dois irmãos e duas irmãs. Tio Kaspar era um cavalheiro calvo com bigodes desafiantes, a quem faltava um dedo indicador. Ele tinha concepções fortemente definidas sobre quase tudo. "A disciplina é boa para a alma", dizia e me batia. Aos 65 anos casou-se com uma garota de vinte; divorciaram-se quando ele tinha 66. Tia Julie era uma solteirona austera, com uma voz áspera. Tentou casar-se, mas desistiu quando um dos maridos em perspectiva partiu com suas economias. Ela cuidou da casa para nós durante a guerra, depois da morte de minha mãe. Quando se foi, colheres de prata, vasos, dinheiro, açúcar, manteiga e farinha (raros durante a guerra) foram-se com ela.

Tia Agnes era esposa de um chefe de estação em Caríntia. Nós a visitamos quando eu tinha cinco ou seis anos de idade. Lembro-me das coloridas máquinas agrícolas que estavam sendo descarregadas, do trem veloz que chegou à tarde, do restaurante e do galinheiro atrás da estação. Eu passava os dias escalando as colinas acima dos trilhos e ainda tenho as cicatrizes de uma queda ravina abaixo. Ocasionalmente eu entrava no galinheiro, fechava o portão e discursava para as reclusas – uma excelente preparação para meu futuro trabalho. Uma manhã, tia Agnes decidiu preparar uma galinha para o jantar. Ela trancou o portão do galinheiro para me manter afastado; fiquei angustiado, quebrei a janela e a encontrei com uma galinha morta e cheia de sangue nas mãos. Libertei todas as galinhas, corri para as colinas e fiquei olhando enquanto tia Agnes tentava reagrupá-las. À noite, fomos à hospedaria local. Papai pôs-me sobre a mesa e eu cantei as canções que mamãe me ensinara. Ganhei aplausos e papai, uma cerveja – oferta da casa.

Papai participara da Primeira Guerra Mundial, na Istria, como oficial da Marinha Mercante. Ele foi dispensado graças ao cólera, uma doença disseminada no final da guerra. Uma fotografia do álbum da família mostrava um trem com as janelas abertas ocupadas pelos traseiros nus dos soldados; este era o único modo de sobreviver a um transporte. Os documentos do exército que tenho diante de mim dizem que papai era proficiente em alemão e esloveno – embora a única palavra eslovena que ele chegou a usar fosse *"krafl"* (confusão). Depois da guerra, ele estudou para ingressar no escalão inferior do serviço público e mudou-se para a Cidade Grande – Viena. Mamãe levou-me ao seu escritório quando eu tinha cerca de nove anos; lá estava ele, sentado, respondendo a questões, autenticando cópias, assinando contratos de aluguel. Uma posição não muito importante. Mas para mim, ele parecia ter um poder enorme. Em sua juventude ele amava a aventura; mais tarde acalmou-se. Depois da morte de minha mãe, cuidava da casa enquanto eu estudava na universidade. Ele cortejava várias damas, algumas delas casadas. Visitava-as em casa ou as acompanhava em eventos educacionais – conferências, demonstrações, filmes. Acabou publicando um anúncio: "Funcionário público, aposentado mas bem conservado, interesses intelectuais, procura mulher madura sensível – casamento não excluído". Recebeu mais de oitenta respostas. Eu as organizava de acordo com a idade, renda, estilo e ele se punha a caminho, duas ou três vezes por semana. Voltava bem alimentado, ébrio do vinho fino que as damas haviam poupado no decorrer da guerra, e aborrecido até as lágrimas. Ele acabou ficando com uma mulher afetuosa mas implicante e mudou-se para Bad Ischl. Teve um derrame que provocou um defeito de linguagem e uma úlcera duodenal combinada a uma ruptura do peritônio que o mataram. Éramos amigos, de certo modo, não muito íntimos; eu era muito autocentrado e demasiadamente absorvido em meus próprios problemas. Eu já me mudara para a Califórnia quando soube de sua doença final; não voltei e não fui ao seu enterro. Anos mais tarde, papai apareceu em meus sonhos. Eu o via a distância, queria alcançá-lo mas não podia mover-me e acordava triste e perturbado. "Fale com ele", disse Martina, minha bela amiga alemã. Ele veio de novo, parado num canto, de costas para mim. "Papai", eu disse, "você é uma boa pessoa; sou grato por todo seu cuidado, sua paciência, seu amor, os esforços suplementares que você fez e sinto muito ter sido um bastardo tão egoísta; eu o amo" – e enquanto falava senti que de fato o amava e sempre o tinha amado. Papai não se moveu e não falou, mas parecia escutar e aceitar o que eu dizia. Ele partiu e manteve-se afastado por um longo tempo.

 A família de minha mãe era de Stockerau, na baixa Áustria. Havia duas irmãs, dois irmãos e um meio-irmão. Tia Julie ficou uma vez conosco por uns dias. Não gostei de sua vinda e o disse; quando ela se foi, fiquei com o coração partido. Tia Pepi era muito bonita; ela bebia, tornou-se uma alcoólatra e suicidou-se. Sua filha, minha prima Josephine, a encontrou e veio nos dizer. Ela devia ter

12 anos na época. Ainda posso ver a pequena figura, parada na porta, pedindo ajuda. Mamãe foi e levou-me com ela. Lembro-me dos vizinhos cochichando no corredor, do cheiro de gás, do perfil imóvel no quarto e da prima Josephine dizendo adeus de uma janela, quando voltamos para casa. Não fiquei abalado; nem sequer intrigado. Eu tinha como certo que o mundo era um lugar estranho, cheio de acontecimentos impenetráveis. Recentemente voltei ao local da cena e ele parecia ter permanecido inalterado – os mesmos arredores, a mesma janela, as mesmas impressões – mas todos os principais atores tinham-se ido. Tia Pepi nos visitava frequentemente. Ela também escrevia cartas, algumas delas abusivas. "Ela é bêbada", dizia mamãe. "Isto quer dizer que sua escrita vai para cima e para baixo e não é reta?" perguntei. "Sim", respondeu mamãe. Minha memória das coisas passadas consiste inteiramente de vinhetas como esta.

Tia Pepi era casada com Konrad Hampapa, um ferroviário, ele também um grande bebedor. Eles tinham dois filhos, Konrad Júnior, que era retardado, e Josephine. A família nos visitava aos domingos, e Júnior tocava acordeão. Ele era um excelente músico e podia improvisar sobre qualquer melodia que ouvisse. Quando seu pai casou-se novamente, ele tentou fazer amor com sua madrasta, Maria. Ele achava que esta era a função normal de uma mãe, pois tia Pepi, aparentemente, tinha feito amor com ele. Maria era uma mulher bondosa mas determinada. Ela fez que seu marido parasse de beber, mas falhou com Konrad Júnior. Ele saiu de casa, vagabundeava pelas ruas, escondia-se em *containers* de lixo (que na época eram grandes o suficiente para abrigar dez pessoas), tocava seu acordeão e estuprava as mulheres que vinham ouvir. Morreu num asilo de loucos aos 36 anos de idade – isto pelo menos é o que ouvi dizer mais tarde, quando voltei de Londres. Para mim (eu tinha dez anos), o primo Konrad era apenas outro parente com um grande talento para a música. Eu percebia que ele era um tanto peculiar – mas tanta gente o era. Minha atitude mudou quando a peculiaridade recebeu um nome, "retardamento", e quando sugestões casuais e involuntárias me informaram de suas implicações sociais. O resultado foi medo e repulsa.

Tio Rudolf era casado com uma enorme mulher tcheca, que adorava mexericar sobre moças defloradas, crianças abortadas, maridos corneados, parentes ladrões. Ela tinha um rosto sinistro, consideráveis bigodes e mudava para o tcheco quando as histórias ficavam muito picantes. Um dia ela esqueceu-se de fazê-lo. Ela contava a meus pais como um de nossos conhecidos tinha seduzido alguém que também conhecíamos e como a moça, que parecia ser virgem, perdera "baldes de sangue". Baldes de sangue! Levou muito tempo para que minha visão do sexo se tornasse um pouco menos dramática. Tio Rudolf ocasionalmente aparecia com uma mulher do seu tamanho e reclamava das agruras de estar casado com tia Christina. Esta, por sua vez, acusava-o de tentar envenená-la. Eles separaram-se, voltaram, separaram-se de novo; finalmente tia Christine morreu, enquanto tio Rudolf, minúsculo, fraco, franzino, viveu até os 94 anos.

Tio Julius era alto e bem apessoado, sempre disposto a pregar peças nas pessoas. Havia vagos rumores de que ele tomara dinheiro de um banco, fugira e ingressara na Legião Estrangeira. Ele estabeleceu-se em Meknes, no Marrocos, casou-se com uma espanhola, Carmen, e nos mandava fotografias tendo ele, Carmen e minaretes ao fundo. "Tio Julius é alguém" ("*Er hat es zu etwas gebracht*"), era nosso comentário. Tio Karl, um de meus padrinhos, era uma figura mais vaga. Eu nunca o conheci. Ele emigrou para os Estados Unidos, adquiriu uma fazenda em Iowa, e todo ano, no aniversário de minha mãe, mandava-nos um dólar. Com aquele dólar mamãe comprava presunto, vinho, doces e nos empanturrávamos por uma semana inteira.

Eu tinha ainda dois primos, um autêntico e o outro nem tanto. O primo Fritz ganhava a vida como cantor de rua. Isto não era incomum. No fim dos anos 20 as ruas e quintais de Viena pareciam parques de diversão, com tocadores de órgão, números com animais, mágicos, dançarinos, cantores – bandas completas. Eles ocupavam seus postos no fim da manhã e começavam a afinar seus instrumentos ou a preparar seus equipamentos. A audiência, principalmente donas de casa, fazia seus pedidos e o espetáculo começava. Vendedores anunciavam seus produtos com um discurso ou uma canção, alguns do lado de fora da casa, outros nas escadas. Ciganas vendiam patchuli embrulhado em papel colorido. Elas tinham uma canção especial que ainda lembro. Ocorriam acidentes:

um comedor de fogo queimou-se e teve de ser levado. Cada quarteirão tinha seu próprio mendigo, que vinha fazer a coleta uma vez por semana. O "nosso" mendigo vinha aos sábados. Depois da coleta, ele ia ao açougue e comprava uma peça de presunto maior do que aquela que qualquer um de nós poderia comprar. O primo Fritz tocava violão e cantava, acompanhado de uma alegre ruiva. Apaixonei-me por ela. Inspirado pelo que ouvira sobre o verdadeiro amor, peguei um par extra de sapatos ("ele pôs suas coisas na mochila", dizia a história) e fugi de casa. Eu não tinha dúvidas de que ela estaria em algum lugar perto da esquina, abriria os braços e exclamaria: "Esperei por você toda a minha vida". Este era outro elemento das histórias que tomei como guia. Mas aí, não foi bem assim. Eu me perdi (eu tinha cinco anos), fui apanhado pela polícia e entregue aos meus pais. Depois disso, o primo Fritz e sua acompanhante não foram mais bem-vindos.

A prima Emma era uma mulher miúda, modestamente elegante, com uma voz forte e muitas canções em seu repertório. Ela casou-se com um comerciante de carnes, Bautzi Bartunek, um cavalheiro bondoso incapaz de se expressar. Em suas visitas, primeiro ela cantava, alternava um falsete, e então punha-se a chorar, e falava dos condes, barões e generais que a possuíram. Quase sempre concluía dizendo, com um gesto na direção de Bautzi – "e acabei com isto aqui". Bautzi permanecia quieto, mas às vezes ficava a ponto de explodir. "Um dia ele vai matá-la", dizia papai. Parece que isto não aconteceu. Eles viviam num minúsculo apartamento escuro, próximo ao matadouro; duas pessoas infelizes, ligadas uma à outra por acidentes e esperanças desfeitas.

Quando meus pais se conheceram, mamãe trabalhava como costureira. Eles casaram-se antes da Primeira Guerra Mundial, sobreviveram à guerra e à inflação do pós-guerra, esperaram por 15 anos, até que houvesse dinheiro suficiente para uma criança – e então produziram-me. Mamãe tinha quarenta anos de idade quando nasci. Ela tinha uma calorosa voz de contralto e cantava ou trauteava canções folclóricas o tempo todo, todos os dias. Ela silenciou quando nos mudamos para uma vizinhança "melhor". Uma vez ela me contou que, quando trabalhava como vendedora, fez certa vez um desenho e um freguês, "um vistoso cavalheiro", a cumprimentou por seu talento. Isto fora há muito tempo – a história dava a entender – e agora o talento estava desperdiçado, e viver era apenas uma rotina. Tentou duas vezes o suicídio. Na primeira ocasião, meu pai e eu tínhamos saído para dar uma volta. Anoitecia, os lampiões de gás estavam sendo acesos, mas um dos bocais falhou e a chama emitiu um som lamuriante. Fiquei assustado e pedi a papai para voltarmos para casa. Mamãe estava num canto, inconsciente, em meio a uma nuvem de gás. Ela conseguiu, porém, 13 anos depois. Frequentemente, num acesso de raiva, ela corria em direção à janela; eu tinha que usar de todas as minhas forças para impedi-la de saltar. Muitos anos depois de sua morte, quando eu preparava a mobília para vender, encontrei escrito com sua letra na parte de trás do grande espelho do quarto e dos guarda-roupas: "Deus me ajude, não aguento mais".

Encontrar mamãe num sonho nunca é uma questão simples. Ela pode ser afetuosa, pode sorrir, mas tenho que tomar cuidado, tenho que atentar para cada palavra e cada gesto, pois a loucura e os acenos à sexualidade nunca estão distantes. Mais de uma vez sonhei que desposava uma mulher mais velha, uma mulher muito velha na verdade, e perguntava a mim mesmo como poderia escapar do desastre. Entretanto eu fazia amor com ela, sem muito prazer, com repulsa mesmo – era minha mãe, num de seus muitos disfarces. Em outras ocasiões eu sentia que não estava sozinho, que poderia pegar o telefone e chamá-la. Tentei falar com mamãe como falara com papai; não consegui – até recentemente, na Suíça. Sonhei que estava num bar com Grazia, que é agora minha esposa; estava escuro e eu estava inquieto. Havia algo sinistro a respeito de Grazia – como se ela estivesse em vias de mudar. Fiquei com medo e acordei. "Era mamãe fazendo seus truques de novo", eu disse a mim mesmo. Tentando voltar a dormir, murmurei: "Por que você não fala comigo?". Ela apareceu enquanto eu ainda estava acordado. Era mamãe, certamente –, mas desprovida de toda humanidade. Um grito de raiva e desespero distorcera seu rosto corroendo seus traços. Visualmente, a imagem era bem fraca, mal era visível, cerca de dez centímetros de diâmetro, mas o impacto foi aterrador. A imagem permaneceu ao pé da cama por cerca de um minuto, e então desapareceu.

Alguns meses atrás, na segunda-feira, 11 de setembro de 1989 para ser exato, encontrei a carta de suicida de mamãe. Eu estava em minha sala, na escola, conversando com Denise Russell, uma amiga da Austrália, e examinava minhas gavetas cheias. Eu não as olhava há pelo menos 15 anos – mas queria esvaziá-las antes de partir para a Itália. Abri a gaveta de cima. Lá havia impressos, antigos formulários de impostos e cerca de dez agendas de bolso. Uma delas continha fotografias e a tal carta. Mal pude acreditar nos meus olhos. Ignorava sua existência – e então lembrei-me; sim, eu a tinha visto há muito tempo mas esquecera-me dela. Expliquei seu conteúdo a Denise, fui para minha aula – duas horas – corri para casa e examinei-a atentamente. Era endereçada ao meu pai. Não havia raiva nem loucura: somente amor e um desejo de paz. Segurando a carta na mão, pela primeira vez senti-me próximo àquele ser humano estranho, distante e infeliz que fora minha mãe.

2 Crescendo

O primeiro apartamento de que me lembro tinha três aposentos: uma cozinha, uma sala de estar/quarto e um estúdio. A cozinha e a sala estão razoavelmente claros em minha mente; já o escritório é um mistério. Eu ia lá algumas vezes, mas nunca o vi realmente. Era onde meu pai recebia as visitas e mantinha suas coisas. Embaixo havia uma carpintaria e no andar de cima, uma costureira; frequentemente tinha medo quando ouvia os sons de sua máquina de costura. Mesmo hoje, um ruído desconhecido me perturba até que eu saiba exatamente como ele é produzido.

Morávamos na Wolfganggasse, uma rua pacata ornada de carvalhos. No andar térreo havia um açougue e um armazém; a farmácia ficava na esquina oposta. O prédio todo festejou quando o filho do proprietário, um menino gordo e sério, terminou o terceiro grau: ele agora pertencia a um plano mais elevado, diferente do resto de nós. Depois da farmácia ficava a delegacia de polícia. Mamãe e eu fomos lá uma vez, quando papai não apareceu para o jantar. Papai estava bem; ele tinha saído com seus colegas.

Mais para baixo havia uma avenida, com bondes, trânsito e lojas maiores. Aquele era o fim do mundo, no que me dizia respeito.

Mais tarde, nos anos 60, quando eu já trabalhava na Califórnia, comecei a sonhar com o apartamento; ele estava vazio de uma maneira sinistra e parecia que uma parte importante de minha vida tivesse se perdido para sempre. Para resolver o enigma, visitei o lugar por volta de 1965. Tomei um bonde para a Guertel, atravessei o parque – o Parque Haydn – onde eu brincava quando era criança, passei pela esquina com o cine-teatro – agora substituído por uma loja de departamentos – e cheguei ao nosso velho quarteirão. Eu me sentia nervoso e tenso. Lá estavam os carvalhos, e lá estava nossa casa, e lá estava a porta. Estava fechada. Eu a abri e entrei. O saguão estava escuro e frio. Olhei em torno. Nenhuma resposta. Subi ao primeiro andar e me dirigi a um apartamento – não, nosso apartamento ficava no segundo andar. Subi até lá, dobrei a curva e finalmente parei diante do apartamento número 12. Nosso apartamento. Tudo parecia como aparecera no sonho – vazio, e contudo este vazio era uma lembrança de uma vida que cessara há muito tempo. O problema estava bem diante de mim – mas não pude resolvê-lo. (Ele dissolveu-se em 1990, quando voltei com Grazia. O apartamento já não existia: a casa tinha sido completamente reconstruída.)

Entre os três e os seis anos de idade, eu passava a maior parte do tempo na cozinha e no quarto. Mamãe empurrava um banco até a janela e me amarrava no batente. Lá eu ficava pendurado como uma aranha e espiava o mundo: as obras na rua principal, os rolos compressores, os ônibus elétricos verdes que transportavam os correios, os artistas de rua e aqui e ali um carro particular. Uma vez por semana, um bando de porcos era entregue no açougue do outro lado da rua. Às sextas-feiras, os trabalhadores recebiam seus pagamentos, iam ao bar local e se embriagavam. Entre duas e três da manhã – eu estava na cama àquela hora, mas o barulho nos acordava a todos –, suas esposas vinham atrás deles e os levavam para casa. Era uma visão impressionante: mulheres enormes levantando homens minúsculos pelos colarinhos e gritando com vozes trovejantes: "Seu merdinha! Seu vagabundo! Seu babaca! Onde está o dinheiro...". Até o carteiro acabava na sarjeta com cartas, cheques, contas espalhadas em torno de si.

Dentro, esposas batiam em seus maridos (e vice-versa), pais batiam nos filhos (e vice-versa), vizinhos se batiam mutuamente. A cada manhã as mulheres da casa se reuniam no escoadouro de água do prédio. Elas trocavam fofocas, comiseradas, reclamando de seus homens, animais de estimação, parentes. A maior parte do tempo era isto. Muitas vezes o falatório crescia de volume, mudava de caráter e transformava-se em briga. Amabilidades como "sua puta, sua cadela" enchiam os corredores. Armas (vassouras etc.) podiam ser sacadas, mas puxar a oponente pelos cabelos parecia bastar. O aparecimento de excremento pelas escadas significava que o zelador conseguira fazer um ou dois inimigos. Seria errôneo inferir que nosso prédio era um caso extremo, contudo. As freiras num conhecido hospital católico onde tive meu apêndice removido usavam a mesma linguagem e se tratavam quase da mesma maneira.

Festividades (Páscoa ou Natal) eram severos testes de fibra moral. Dias antes as mulheres iam do açougue ao armazém, à padaria, à casa de vinhos; seus maridos chegavam em casa com sorrisos misteriosos nos rostos e pacotes escondidos nas costas. Havia muito movimento em torno das cozinhas e dos quartos dos fundos. Finalmente chegava o grande dia. Cozinhava-se desde cedo; aromas apetitosos espalhavam-se pelo prédio. As famílias se reuniam, provavam a comida e os jantares eram acompanhados por conversa animada. Os presentes melhoravam ainda mais a atmosfera; felicidade e boa-vontade fluíam em abundância. O cenário estava montado. Alguém fazia uma observação infeliz; seguia-se um silêncio perplexo. Alguém mais replicava, aumentando um pouco a temperatura. Vozes conciliadoras intervinham – em vão. Insultos proliferavam-se até irromper uma violenta briga. No dia seguinte, todos dormiam até meio-dia. Não posso dizer que minha família estivesse acima destas coisas – contudo, a maioria dos feriados era pura mágica.

O Natal, por exemplo! Com semanas de antecedência, eu preenchia um caderno que meu pai montara com folhas soltas de figuras, números, notas: "23 dias para o Natal" – acompanhado por um desenho; "22 dias para o Natal" – seguido de alguma garatuja ilegível, e assim por diante. Eu adorava cobrir papel limpo, em branco, com cores, linhas, palavras. Na época, eu escrevia uma carta detalhada e a deixava na jardineira do lado de fora da janela. E então chegava o Grande Dia – a véspera do Natal. Papai olhava para a janela – "Não sei", dizia ele; "sua carta ainda está lá; espero que o anjo do Natal não tenha esquecido nosso apartamento". "Você não pode falar com ele?", eu perguntava. "Não se diz a um anjo como tratar de suas coisas; se ele vier, vem; se não vier – bem, o que podemos fazer?" Mais tarde papai trancava-se na sala de estar – "apenas para estar seguro". A noite chegava; a porta se abria; havia luzes, a árvore, o cheiro dos doces, os presentes – era pura mágica.

Uma vez por mês mamãe me levava a Schönbrunn, a antiga residência de verão dos imperadores austro-húngaros. Ela me punha num carrinho de criança, me levava até a entrada e eu empurrava o carrinho o resto do caminho. Lembro-me de ficar entre os punhos do carrinho fazendo força para que ele andasse. Lembro-me também de ser fotografado com a Gloriette, tendo ao fundo uma construção no descampado. Os fotógrafos tinham então uma variedade de truques para imobilizar as crianças. O meu tinha um pássaro empalhado; cle aparecia do nada e eu ficava maravilhado. Vi a foto: um pequeno monstrinho gordo, embrulhado em camadas e camadas de lã com uma aparência definitivamente estúpida. "Tem cara de chorão", diziam as pessoas. No caminho de volta passávamos pelos prédios ocupados pelos soldados. Eles costumavam jogar filões de pão para as pessoas embaixo – a comida era escassa nos anos 20. Aos domingos, papai, mamãe e eu íamos acampar nos arredores da cidade. Levávamos comida, uma tenda, maiôs de banho e passávamos lá o dia todo. Eu gostava de dar uns passeios e especialmente de sentar-me junto às meninas de 12 a 16 anos (eu tinha entre três e seis, na época). Vendo em meus olhos a admiração que tinha por elas, davam-me boas-vindas, para desgosto de seus namorados, que ficavam amuados e se tornavam antipáticos. Papai tirava vantagem da situação: "Este é o meu menino", dizia ele; "Que menino bonito", diziam as garotas – e assim corria a conversa. Eu até ganhava um ou outro beijo. À noite, sofrendo por causa das queimaduras do sol, deitava-me na cama, abraçava-me a mim mesmo e pensava nos lindos rostos que tinham estado tão perto do meu. Lembro-me de um terremoto que nos tirou cedo da cama.

Eu costumava acompanhar minha mãe ao cabeleireiro. "O que você quer fazer quando crescer?", perguntavam-me as mulheres; "Quero me aposentar", respondia. Havia uma razão para minha resposta. Enquanto construía castelos de areia no parque, eu via homens nervosos com suas pastas correndo atrás dos bondes lotados; "O que estas pessoas estão fazendo?", eu perguntava para mamãe; "Estão indo trabalhar", dizia ela. Eu via também um senhor idoso sentado calmamente num banco desfrutando o sol; "Por que ele está aqui?", perguntei; "Ele está aposentado". Bem, depois daquilo, aposentar-se pareceu-me de fato muito atraente. Por vezes mamãe me levava ao cinema, na esquina. Alguns filmes eram divertidos; outros eram sinistramente intrigantes. Por exemplo: um soldado volta da guerra (a Primeira Guerra Mundial). Sua mulher o abraça; ele a empurra; "Beije ele!" diz ele, apontando seu filho. Eu senti a tensão entre o homem e a mulher, a crueldade implícita, mas também senti que a mulher queria que fosse assim e que ela estava perdida por causa de seu desejo. Assim, pelo menos, é como eu descreveria hoje meus sentimentos. Na época, todos os elementos estavam emaranhados num grande e intrigante nó. Lembro-me de nossos vizinhos de porta, a velha Frau Mazernitz, seu marido (praticamente invisível), a filha Steffi, que crescia lentamente, desenvolvia-se e começava a ter encontros. Eu não conhecia muito bem os outros vizinhos e menos ainda as ruas. O mundo era um lugar perigoso, diziam meus pais, e me mantinham em casa. Não me deixavam ir nem mesmo ao banheiro; tínhamos um banheiro coletivo em cada andar, nenhum nos apartamentos, e eu tive que usar um penico até os nove anos de idade.

Durante meus primeiros cinco anos, todos os dias eu tirava uma soneca a uma da tarde. Certa vez desmontei o despertador que deveria me acordar e o montei novamente antes de cair no sono. Eu também tocava um pequeno acordeão, e muito bem, mas ninguém prestava atenção. Assim, um talento que eu poderia ter tido perdeu-se lentamente. Eu ficava doente com frequência, do estômago, ou com febre; tinha uma afecção nervosa, semelhante à epilepsia: meus olhos se moviam, eu fazia ruídos estranhos e caía ao chão (aos 15 anos acrescentei o sonambulismo ao meu repertório). O médico quase nunca era chamado – as mães, supunha-se, deveriam saber os meios de curar os filhos doentes. A febre, por exemplo, era tratada enrolando-se o paciente em toalhas muito quentes, despejando limonada quente (com ou sem aspirina) goela abaixo e deixando a natureza fazer o resto. Mais de uma vez quase morri suando um resfriado para fora. As dores não eram grande coisa –

"logo vão passar", diziam meus pais. Isto certamente era mais racional do que chamar um especialista para qualquer probleminha – mas tinha suas desvantagens. Durante anos tive dores de estômago, algumas vezes tão intensas que eu rolava pelo chão; finalmente, um médico diagnosticou um apêndice inflamado, tão entumescido que quase perfurara o diafragma. Uma vez – eu devia contar uns dez anos – minha mãe me levou a um psiquiatra; pelo menos acho que o era, porque eu ainda urinava na cama, creio eu. Era um homem baixo e calvo, com óculos brilhantes, que emanava benevolência pelos poros. Ele me examinou e depois levou minha mãe até uma sala ao lado. Quando voltou, parecia mau e ameaçador. Ele realmente me amedrontou mas não sei se isto resolveu o problema pelo qual minha mãe me levara até ele.

Comecei na escola quando tinha seis anos: foi uma estranha experiência. Tendo sido mantido longe das ruas, eu não tinha ideia de como as outras pessoas viviam ou do que fazer com elas. Papai deu-me sua mochila militar ao invés da maleta habitual: "Os outros vão invejá-lo", explicou. Riram de mim: "Defenda-se", disse mamãe. Foi o que fiz no dia seguinte. As aulas tinham se acabado e eu me preparava para ir para casa. Vi mamãe na janela, lembrei-me de seu conselho, dirigi-me ao garoto que mais me agredia e quebrei-lhe o braço. Pouco a pouco as coisas se normalizaram e teve início a minha instrução. Eu não conseguia entender por que deveria ficar sentado quieto enquanto a professora andava pela classe; então pus-me a andar com ela. Ela mandou-me de volta ao meu lugar. Lá permaneci, mas assim que as primeiras letras apareceram no quadro-negro comecei a vomitar. Limparam-me e mandaram-me para casa; papai fez-me uma solene advertência: "Que isto não se repita, ou você vai ver uma coisa". Lá estava eu novamente na escola, sentado em meu lugar, tentando permanecer calmo; novamente a professora foi ao quadro-negro, escreveu algumas letras, e novamente vomitei. "Ele não está preparado para a escola", disse a professora, "Traga-o de novo no ano que vem". "Ele vai se adaptar", disse papai – "isso não é nada". E assim foi. Depois de duas semanas, acostumei-me à nova vida e gostei dela. Dois anos mais tarde, tive até que mudar de classe – minha professora, Fräulein Wunderer, reclamou que eu era demais para ela. Não tenho ideia do que tenha provocado tal queixa – mas parece que meus problemas desapareceram. Estremeço ao pensar o que um psiquiatra infantil americano teria feito comigo. Sempre tentei lembrar como aprendi a ler. Deve ter havido um tempo em que eu não sabia ler, depois um estágio intermediário em que eu podia ler um pouco e, finalmente, um estágio em que eu podia ler muito bem. Ao menos foi o que pensei mais tarde sobre o assunto. Mas simplesmente não posso identificar os estágios. Parece-me que eu podia ler quando entrei na escola, mas não sei como aprendi. Papai comprava várias revistas em quadrinhos. Os personagens falavam; o que eles diziam era contido dentro de um balão acima de suas cabeças. Devo ter aprendido a ler entendendo o que estava no balão. Sem grande esforço. Também lembro de como eram vívidos os desenhos; eles viviam, agiam, quase saltavam para fora da página. Era um outro mundo, real e cheio de mistério. Eu tinha também uma enciclopédia com imagens de animais, plantas, cidades. Algumas plantas pareciam boas; outras me ameaçavam e eu virava rapidamente a página. Uma vez por ano papai nos levava ao Prater, o parque de diversões local com carrosséis, montanhas-russas e uma cidade completa em miniatura dirigida por anões. O trem-fantastama era o meu favorito. Do lado de fora, entre uma volta e outra, ele parecia bem inofensivo; pequenos vagões com assentos simples e desenhos comuns. Papai comprava o bilhete, nós sentávamos e esperávamos. Finalmente o trem começava a se mover; entrava numa caverna e então, depois de alguma escuridão ominosa, uma vista maravilhosa descortinava-se à direita, enquanto uma criatura monstruosa atacava da esquerda, teias de aranha enroscavam-se pelo rosto, mãos estendiam-se e tentavam tocar-nos. Anos mais tarde entrei no mesmo trem, mas tudo o que vi eram os assentos surrados, as cidades mal construídas, os ridículos monstros de papel. E as revistas em quadrinhos eram apenas desenhos. Podiam ser divertidas e interessantes – eu ainda me divirto com elas – mas não vivem mais. Mesmo as histórias mudaram seu caráter. Lembro-me de uma história sobre um homem e uma mosca. O homem está sentado em seu quarto, lendo. A mosca o interrompe com seu zumbido. O homem olha em torno, vê a mosca, vai em sua direção; a mosca desaparece e o silêncio volta.

O homem senta-se e retoma a leitura. Novamente a mosca o interrompe... e assim por diante. Acho que aquela era uma mosca especial, que se dissolvia no nada e se reconstituía. Posso imaginar esta mosca hoje em dia e algumas aventuras em que ela se envolveria. Mas seria ficção; o ar de realidade ter-se-ia ido. Surpreende que eu não goste de Brecht, que transforma o teatro, uma das últimas fortalezas da magia, em um laboratório sociológico?

Uma vez por ano, a 10 de dezembro, meu pai vestia-se (na casa de um vizinho) de bispo, punha uma máscara e entrava em casa como São Nicolau. Mamãe e eu esperávamos na cozinha. Batiam à porta; "Deve ser São Nicolau", dizia mamãe. Eu tremia de medo e excitação. Mamãe abria a porta e São Nicolau entrava. Eu me ajoelhava. Papai perguntava com uma voz profunda: "Você tem sido um bom menino? Tem feito sua lição de casa? Tem obedecido a seus pais?" – e eu tinha que admitir, aí, que havia pecado aqui e sido negligente ali, e que meu comportamento estava longe de exemplar. São Nicolau se aproximava, olhando-me com um olhar penetrante, batendo-me (delicadamente, é claro) e dizia: "Da próxima vez você não vai escapar assim tão facilmente" – e então partia. Do lado de fora da porta, ele deixava uma cesta com frutas, chocolate e vários doces. Quando meu pai voltava, parecia exausto; ele trazia uma correia de couro na mão e explicava como havia capturado e amarrado o diabo enquanto São Nicolau me dava o terceiro grau. "Você sabe", dizia ele, "Você teve sorte; desta vez o diabo quase escapou e ele com certeza ia bater em você. Ele poderia até levá-lo consigo!" Eu acreditava na história, principalmente quando os vizinhos circulavam pelo corredor fantasiados de diabo. "Pobre papai", eu dizia, dava-lhe um pouco daquilo que havia ganho como presente e ficava orgulhoso da força que o tornava capaz de reter o próprio Maligno. Mamãe contava histórias sobre anjos e demônios e eu frequentemente a interrompia com minhas próprias invenções. Uma história era sobre um homem esperto, que vendeu sua alma, arrependeu-se do negócio e atraiu o diabo, que era quente, para um lago gelado; o gelo derreteu, o diabo afundou e o homem ficou livre. Esta, creio, era uma ideia minha.

Eu acreditava firmemente em anjos e demônios. Eles podiam surgir em qualquer lugar e fazer qualquer coisa. Eu tinha medo de

Deus. Ele era muito distante e um tanto descolorido – ele simplesmente *era* –, mas ele era também poderoso e sabia dos acontecimentos mais ocultos. Antes da comunhão, eu me confessava não apenas uma vez, mas duas ou três – muitos maus pensamentos me invadiam naquele meio-tempo. (Para evitar ser aborrecido, o padre logo me absolvia de todos os pecados que eu pudesse cometer entre a confissão e a comunhão.) Palavras e eventos que poderiam ter mudado minha atitude não me impressionavam; eu os notava, mas não os relacionava às minhas crenças. Uma vez, na escola – eu tinha sete anos de idade –, testemunhei uma estranha cena. Um dos meninos foi até a professora e gritou com lágrimas nos olhos: "Não existem anjos! Eles não trazem os presentes de Natal! É um truque, feito pelos pais!". Lembro-me muito claramente da cena; posso identificar o menino numa fotografia que parece ter sobrevivido às minhas viagens e tentativas periódicas de limpar a casa. Contudo ela nada significou para mim. Não fiquei chocado; não mudei minhas concepções. Eu simplesmente não tinha ideia de sobre o que era aquela confusão. Até onde me dizia respeito, era mais um dos estranhos fatos que pareciam constituir nosso mundo. (Os cadáveres e as poças de sangue nas ruas que vi durante a guerra civil de 1934, em Viena, e os acontecimentos do período nazista me afetaram, ou melhor, deixaram de me afetar exatamente da mesma maneira.)

Em 1932, São Nicolau apareceu pela última vez. Eu tinha oito anos de idade e já havíamos mudado para o novo apartamento. Novamente era 10 de dezembro. Novamente eu esperava. Eu estava sozinho, lendo lendas vienenses. Uma das lendas explica por que a igreja de Santo Estéfano tem uma torre inacabada e só um toco da outra: o mestre de obras foi assoberbado pela imensidão da tarefa e pediu ajuda ao diabo: "Sim", disse o diabo, "se você me der sua alma". O trabalhador concordou, mas depois tentou livrar-se daquele negócio. O diabo atirou-o de cima do andaime. Depois daquilo, ninguém ousou terminar a igreja. De repente ouvi passos na antessala – meu pai. São Nicolau? – eu tinha uma vaga ideia de que as coisas não eram o que costumavam ter sido e contudo não estava seguro da diferença. A porta se abriu. Lá estava a velha figura familiar: a longa roupa branca, os bordados dourados, o cajado, o chapéu pontudo, a voz profunda. Mas também vi os sapatos de meu pai, que eu nunca notara antes, vi os olhos por trás da máscara, os quais eu nunca separara dela, e ouvi sua voz, e não a de São Nicolau. Era meu pai, claramente era meu pai, embora de forma igualmente clara não era meu pai, mas o santo. Homero tem muitas situações deste tipo. Afrodite aparece como uma velha; mas Helena, a quem ela se dirige, vê também "a doce garganta arredondada da deusa"; a segunda aparência não elimina a primeira, acrescenta-se a ela. Foi exatamente isto que aconteceu comigo, por um curto tempo ao menos; então o mistério desapareceu e permaneceu a cotidiana banalidade. Fiquei triste, não por mim, mas por meu pai que, tendo sido um poderoso santo, era agora um vulnerável ser humano.

3 Colégio

Havia três tipos de colégio: o *gymnasium* clássico, com grego, latim e literatura; o *Realschule*, com línguas modernas e ciência; e uma mistura, o *Realgymnasium*, com oito anos de latim, sem grego, e uma escolha entre ciências e francês no quinto ano (o inglês era ensinado em todos os casos). Depois de alguma discussão, papai escolheu o *Realgymnasium*. Procurei adotar uma atitude adequada. Um estudante de colégio, eu disse a mim mesmo, é alguém que sabe. Gente que sabe, prossegui, pode ser reconhecida por seu aspecto e comportamento. Por alguns dias andei com passos calculados e uma expressão séria no rosto; mas minha disposição à preguiça levou a melhor. O exame de admissão foi um tanto leve. Eu lia a história de uma mulher que quase morreu de fome procurando seu filho perdido no bosque. No meio da história, o examinador perguntou: "E como é chamado este comportamento?". "Amor materno", respondi – que era a resposta certa. Ganhei um barquinho como recompensa e bloqueei a banheira de casa por pelo menos uma semana. Eu tinha dez anos de idade e obviamente era muito diferente dos gênios que liam Bourbaki em seus carrinhos de bebê.

O colégio nos anos 30 era diferente do colégio nos Estados Unidos e de algumas escolas europeias atuais. O ensino começava às oito horas e durava de quatro a cinco horas. A cada hora, um outro cavalheiro entrava na classe e tentava nos transformar em seres humanos civilizados e aptos a uma completa expressão. Os primeiros 45 minutos poderiam ser de latim; seguiam-se 15 minutos de intervalo; então vinham 45 minutos de matemática; novamente 15 de intervalo – e assim por diante até o meio-dia ou uma da tarde. Alguns professores nos mantinham quietos pela sua mera presença; outros nos aturdiam pelo seu bizarro comportamento; outros ainda nos ameaçavam, ficavam vermelhos, pisavam duramente no chão: estes eram os menos bem-sucedidos. O ensino incluía repetições e exames. Eu me saía bem nestes jogos, embora normalmente sonhasse que havia esquecido o programa de um dia específico e que entrava na classe ignorante e temeroso. Mais tarde, com cerca de 16 anos, eu tinha a reputação de saber mais física e matemática que os próprios professores destas disciplinas; estes pareciam acreditar nos rumores e me deixavam em paz. Os biólogos e químicos faziam o mesmo; eles temiam a física e, portanto, a mim. É desnecessário dizer que eu negligenciava os livros indicados e divagava na classe. Quando os professores faziam perguntas eu assumia um ar de conhecimento e ligeiro aborrecimento, como se trivialidades como aquelas estivessem abaixo de mim. Isto funcionava – mas eu tinha momentos incômodos. Os professores nem sempre agem de uma maneira racional – assim, o que eu faria se o sr. Cerny, sob pressão, subitamente decidisse me questionar sobre compostos aromáticos e alifáticos? Mesmo na universidade, passei pelos cursos de química sem responder a uma só questão: "Vocês físicos sabem tudo", dizia o examinador, um conhecido químico orgânico, e dava-me a nota mais alta. Aos poucos, minha reputação me subiu à cabeça. "Você acha que sabe mais física do que o Professor Thomas?", perguntou-me um amigo quando eu tinha 12 anos. Considerei a questão por um bom tempo e finalmente admiti que o Professor Thomas poderia saber apenas um pouquinho mais do que eu. Em 1939, quando apareceram as primeiras reportagens sobre a descoberta de Hahn-Strassmann, perguntaram-me: "Você acha que isto é possível?". Mais uma vez submergi em profunda meditação e finalmente declarei que não, que aquilo não era possível.

Eu era um *"Vorzugschüler"*, isto é, um estudante que excedia uma determinada média. Nos primeiros relatórios isto era indicado por uma estrela ao lado do meu nome. Tais realizações não contribuíam para a popularidade. "Especialistas", isto é, estudantes que se sobressaíam, digamos, em história, matemática ou química eram respeitados; seu conhecimento, supúnhamos, era o resultado de interesse combinado à inteligência. Ademais, eles tinham uma importante função quando os professores faziam perguntas ao fornecerem um rico fluxo de informação ilegítima; e eles mantinham os professores no lugar expondo seus erros. Mas excelência em todos os campos parecia um anseio de conformismo. Por sorte eu era frequentemente repreendido e cheguei uma vez a ser posto para fora da escola. Em um tipo desses podia-se confiar.

Eu tinha poucos amigos e estava apaixonado por alguns deles. Eu os acompanhava até suas casas ou me demorava pela vizinhança até eles aparecerem, encontrando-os como que por acaso. Eu ansiava por contato físico mas era muito tímido para tentar uma aproximação. Encolhi-me todo quando um de meus colegas de classe, um menino bonito com o olhar ígneo, me bolinou entre as pernas. Eu admirava as meninas de longe e imaginava salvá-las de perigos. Havia uma garota que morava perto de nossa casa, a quem eu via todos os dias no caminho da escola. Ela era pálida, misteriosa e linda, com cerca de 16 anos de idade; certamente ela era a escrava indefesa e relutante de um senhor maligno com um fino bigodinho cruel. Um dia, eu pensava, ela viria até mim para me contar seus problemas e eu, num gesto elegante, acabaria com o poder de seu atormentador e a libertaria. Eu me deliciava com filmes sentimentais (ainda o faço). Os elementos eram sempre os mesmos: uma mulher infeliz, um bom sujeito que não ousa abrir a boca e um bastardo que se aproveita do silêncio. "Por que eles não se falam?", eu perguntava a mim mesmo; "É tão simples; por que eles sofrem se uma simples palavra poderia resolver seus problemas?" E eu imaginava entrar na tela, dizer a palavra e sair, sendo amado pelo resto de minha vida pela mulher que eu libertara. Magda Schneider, a mãe de Romy Schneider, e Sylvia Sydney beneficiavam-se muitas vezes de minhas intervenções.

Durante o verão a família mudava-se para uma fazenda. Tínhamos cama e mesa e ajudávamos no trabalho. Eu levava as vacas para pastar, meu pai e eu colhíamos o feno e eu rondava as garotas que moravam lá. A primeira vez eu tinha 12 anos e a garota 18, uma garota do campo, forte e alegre. Eu a acompanhava nas idas e vindas à cidade e conversávamos. Tenho uma foto de nós dois sentados num penedo, ela com o braço em torno de mim, eu com um grande e feliz sorriso. Da outra vez eu tinha 13 anos e a moça deveria ter cerca de trinta. Seu nome era Vilma, ela era iugoslava e mal falava alemão. Ela limpava os estábulos e preparava a comida para os porcos. Percebeu minha admiração e convidou-me a chamá-la pelo primeiro nome. Há toda uma cerimônia relacionada a esta mudança: as partes envolvidas enchem seus copos de vinho, cruzam os braços, com os copos nas mãos, com os braços do parceiro, esvaziam os copos e então beijam-se. Tínhamos apenas cidra, mas beijamo-nos e me senti no sétimo céu. Uma vez deparei com Vilma no corredor em frente aos estábulos, limpando um par de sapatos com um olhar distraído. Pensei nunca ter visto uma pessoa tão linda. O mais provável é que ela fosse uma mulher comum e talvez mesmo feia – mas o amor e a admiração ligariam para julgamentos abstratos como este? Acompanhava-a ao campo, sentava-me ao seu lado e olhava para ela. As outras trabalhadoras – eram todas mulheres, muitas delas ciganas – riam e faziam insinuações sexuais bastante explícitas. Eu não tinha a menor ideia do que elas falavam. Na vez seguinte, eu tinha 14 anos e o objeto de minha admiração tinha 12. Eu pegava emprestado um carro de boi com dois bois (eu era um excelente motorista de carros de boi) e passeava com ela, ou ficávamos simplesmente sentados no banco do carro, abraçados e nos beijando. Mamãe teve um ataque quando viu: "Seu patife, seu porco abominável!", gritava ela. Papai, bastante embaraçado, perguntou: "Você fez alguma coisa com a menina?". Novamente eu não tinha ideia do que ele queria dizer, mas ainda posso ver seu rosto bondoso e preocupado. Eu adorava as noites escuras no campo; não se via nada e havia ruídos misteriosos por toda parte. Também adorava tempestades com trovões; ao ouvi-las aproximando-se eu corria para o campo e gritava para o céu. Os fazendeiros ficavam zangados e me enxotavam de volta para a casa: "Seu menino estúpido! Não sabe que Deus punc aqueles que o desafiam?". Carecendo de um caráter definido (não sendo "internamente referenciado" como dizem os psicólogos), rapidamente adotei hábitos e padrões de fala rurais. Eles esmaeciam-se depois de poucos dias de volta à cidade. As visitas cessaram quando eu tinha cerca de 15 anos. Daí em diante, ficávamos em Viena e eu era deixado aos meus próprios recursos. Mudamo-nos para uma "vizinhança melhor" e meus pais deixaram-me brincar com as crianças na rua. Eu rodava num carrinho composto de uma tábua, duas rodas e uma extensão erguida para guiar, participava de um jogo chamado "pular a fonte" e uma vez dei todas as minhas economias para uma menina que me pedira dinheiro. Mamãe ficou furiosa, foi falar com os pais dela, criou uma confusão e recuperou o dinheiro – o que não contribuiu para me tornar popular entre a turma. Eu também lia um bocado. Não tenho ideia de como e por que comecei, mas sei que com cerca de nove anos eu tinha um livro aberto diante de mim quase todas as noites. Primeiro livros infantis. Os eventos do *Der Struwwelpeter*[1] – o alfaiate que cortava fora os polegares da criança que os chupava, o caçador que é alvejado por uma lebre, o menino que morre porque não tomava sua sopa – tinham todo o jeito de lugares-comuns; entretanto ficara intrigado pela introdução em que o autor, um pediatra, explicava por que tinha escrito o livro e como ele deveria ser usado. Isto sim era misterioso! Nunca vou esquecer da história de Rübezahl, o gigante enganado. Ele estava apaixonado por uma bela princesa. "O que posso fazer por você?", perguntou Rübezahl à princesa. "Conte os nabos de meu jardim", respondeu-lhe a princesa, sabendo muito bem que contar não era o forte do gigante. Ele contava e contava, enganando-se e começando de novo. As pessoas do país todo zombavam dele e o chamavam de Rübezahl, o contador de nabos. Finalmente ele percebeu a piada, lançou uma terrível maldição, retirou-se para a floresta e jurou nunca mais voltar. Contudo, Rübezahl tinha bom coração e odiava injustiças; as pessoas o procuravam quando precisavam de ajuda. Elas ainda o chamavam de Rübezahl, pois era o único nome que conheciam. Rübezahl aparecia, bufando, pronto para matar. Era preciso rapidez

---

[1] Editado no Brasil pela Melhoramentos, com o título *João Felpudo*, traduzido por Guilherme de Almeida Prado, nos anos 40.

e eloquência para transformar sua raiva do insulto em raiva da injustiça que ele deveria remover. Que história intrigante, eu pensava: a única maneira de obter ajuda era arriscar a vida, ofender as forças que poderiam ajudar, e rapidamente voltar seus pensamentos para outros assuntos. Li *Don Quixote* (numa edição infantil), lendas, contos de fadas. Peguei emprestado Zane Grey, Edgar Wallace, Conan Doyle, Alexandre Dumas, Marie Ebner Eschenbach, Júlio Verne, Hedwig Courts-Mahler, até Pitigrilli, embora suas histórias estivessem além de mim. Posso ter lido Schnizler (seus romances ou monólogos, não suas peças), mas não tenho certeza. Debulhei-me em lágrimas com *A cabana do Pai Tomás* e frequentemente não conseguia dormir depois de um conto dramático. "Você não deve ler estas coisas", dizia papai e escondia os livros por um dia ou dois. Li quase tudo de Karl May, um autor alemão de histórias de aventuras que descreviam países que ele nunca vira e pessoas que nunca conhecera. Seus índios eram criaturas nobres, superiores aos seus visitantes brancos tanto em força como em sabedoria, seus árabes eram corajosos mas ardilosos. Há poucos anos li May novamente e descobri o segredo de seu sucesso: exposições breves, descrições coloridas, sem delongas e nada que não seja essencial (como desenvolvimento do personagem ou *background* social). Pois o personagem de May é o que o personagem faz, e ele faz o bem ou o mal, mas sempre coisas interessantes; ademais, ele o faz rápida e decisivamente. Tentei escrever minhas próprias histórias de aventuras; eu conseguia pôr meus heróis em situações impossíveis; raramente conseguia tirá-los delas.

De algum modo topei com o teatro e a filosofia. Líamos teatro no colégio, cada estudante recebendo um papel. Eu aumentava meus personagens para dimensões gigantescas; as pessoas boas exalavam benevolência, as más eram personificações do mal. Na necessidade de material ulterior para exprimir este talento, eu comprava brochuras de Goethe, Schiller, Grabbe, Kleist, Shakespeare (a tradução de Schlegel-Tieck), Ibsen e levava-as para longos passeios no bosque e nas colinas em torno de Viena. Eu tinha lugares especiais em áreas isoladas onde me sentava ou perambulava, lendo e declamando por horas. Peer Gynt e Fausto eram meus heróis, Dovregybben, Mefistófeles, Shylock, Ricardo III meus papéis dramáticos prediletos. Logo decorei a primeira parte do *Fausto*; frequentemente declamava a passagem do crepúsculo no começo da peça e o engano de Mefistófoles no fim da segunda parte. Gostava das rimas fáceis das primeiras peças de Ibsen (na tradução de Passarge), mas não sabia o que fazer com *Ifigênia* ou *A esposa de Messina*. Eu me irritava quando a ação, ação boa, absorvente, suculenta, era diluída por um interesse independente da ação de modo que eu pulava as passagens em que os personagens desnudavam suas almas. Ainda prefiro autores que deixam os eventos seguirem seus cursos àqueles para quem a poesia, a autorrevelação ou a análise social ocupam o banco da frente. Por um longo tempo pus as novelas de mistério no topo de minha lista. Infelizmente, mesmo essas histórias inocentes estão agora sendo invadidas pelo "significado".

A filosofia chegou por puro acaso. Eu comprava a maioria de minhas brochuras de segunda mão e ia também a feiras públicas em que toneladas de livros podiam ser compradas por alguns centavos. Eles vinham em pacotes; você tinha que comprar um pacote inteiro ou nada. Eu selecionava pacotes ricos em peças ou romances, mas não podia evitar um ocasional Platão, Descartes ou Buechner (o materialista, não o poeta). Devo ter começado a ler estes acréscimos indesejados por curiosidade ou simplesmente para compensar meu prejuízo. Logo me dei conta das possibilidades dramáticas do raciocínio e fiquei fascinado pelo poder que os argumentos parecem ter sobre as pessoas. Tendo digerido algumas páginas das *Meditações* de Descartes, expliquei para mamãe que ela existia apenas porque eu existia e que sem mim ela não teria chances. (Durante a guerra, apresentei o mesmo argumento na escola de oficiais em Dessau-Rosslau; os cavalheiros bem uniformizados de minha audiência não souberam o que fazer.) No todo, meus interesses eram difusos (ainda o são). Um livro, um filme, uma apresentação teatral ou uma observação casual podiam me mover em qualquer direção. Lembro-me de visitar um de nossos professores de alemão, o professor Wiener, em sua casa. Ele corrigiu a poesia religiosa empapada que eu produzia aos 12 anos e tentou dar estrutura às minhas ambições literárias. Ele tinha muitos livros, três volumes azuis de química entre eles. Só a cor bastou para me atrair para aquele assunto.

Meu interesse em física e astronomia veio de um excelente professor de física em nossa escola, o professor Oswald Thomas, uma figura conhecida no campo de educação de adultos em Viena. Uma vez Thomas reuniu cerca de duzentas pessoas num grande campo fora de Viena, fez que apagassem as luzes da rua e explicou as constelações. Ele contou detalhes científicos sobre as estrelas e histórias um pouco menos científicas sobre os animais, deuses e homens lendários que povoavam os céus. Ele era elegante, com cabelos grisalhos, óculos brilhantes, uma pronúncia charmosa (ele vinha de Siebenbürgen na Hungria) e um senso de humor malicioso; senhoras de todas as idades estavam apaixonadas por ele. Ele também dava aulas em sua sala na universidade. Eu frequentava a maioria delas e o ajudava de várias maneiras. No meu aniversário de 13 anos, fui autorizado a fazer uma conferência de minha lavra. "Dois minutos", disse o professor Thomas: tive que ser removido depois de dez.

Oswald Thomas escreveu um dos melhores livros populares de astronomia que conheço: *Astronomie, Tatsachen und Probleme* [*Astronomia, fatos e problemas*]. Seu estilo, embora conciso e fatual, era brilhante e cativante. Mesmo os fatos mais triviais tornavam-se tão encantadores como lendas, revistas em quadrinhos ou contos de fadas. Airy, Tyndall, Jeans e Eddington eram seus modelos. Thomas começava com uma concepção geocêntrica, explicava os vários sistemas de referência e enumerava os fenômenos que ocorriam neles. Usando excelentes diagramas ele descrevia os movimentos planetários e estelares incluindo as principais perturbações lunares. Todo um sistema de conhecimento astronômico preciso e detalhado emergia sem uma única palavra sobre o movimento da Terra. Explicações causais eram introduzidas posteriormente e novamente relativizadas pela cosmologia. Vi também que conceitos altamente abstratos podiam ser explicados de uma maneira informal e tentei a sorte com a teoria especial da relatividade. Não deu certo. (Herman Bondi, mais recentemente com seu cálculo K, quase resolveu o problema.)

Inspirados pelo livro e um par de espelhos anunciados numa revista científica popular, papai e eu montamos um telescópio a partir de uma bicicleta e um armário velho, e me tornei assim um observador regular para o Instituto Suíço de Pesquisa Solar. Projetei o Sol numa tela, fiz um esboço da distribuição das manchas solares, contei as manchas individualmente e em grupos, calculei o número de manchas solares (número de todas as manchas individuais mais dez vezes o número dos grupos) e mandei o resultado pelo correio. Li também tratados avançados para entender argumentos mais técnicos e dei aulas particulares de latim e matemática para arrumar dinheiro para os livros. O volume III do velho (1899/1902) *Lehrbuch der Experimentalphysik* [*Manual de física experimental*] de Adolph Wüllner foi meu primeiro texto. É um tomo enorme, de 1400 páginas, com muitas ilustrações. Abri caminho nele, página por página, do começo ao fim. Tive problemas com a teoria potencial que era explicada no primeiro capítulo (até a equação de Poisson, inclusive). Compreendi as fórmulas e pude acompanhar as derivações, mas não entendi sobre o que era a teoria. O que era esta estranha grandeza, o potencial, que desempenhava um papel tão importante na mecânica e na eletrodinâmica e que retornava em tantos casos especiais? A dificuldade desapareceu quando aprendi o cálculo vetorial. Os cálculos eram mais curtos, as ideias mais intuitivas – e o que parecia determinar o assunto: o potencial nada mais era do que uma grandeza auxiliar introduzida para simplificar o cálculo de forças. (O problema estava longe de ser resolvido, contudo. O efeito Bohm-Aharonov e a invariação de escala mostram que a pretensa "grandeza auxiliar" contém características que podem ser ativadas por novas suposições.) Li muitos volumes da famosa coleção Goeschen, *Física atômica* de Bechert-Gehrtsen e *Teoria das funções* de Knopp, entre outros. Foi trabalho duro. Eu carecia da habilidade de intuir as ideias por trás de um cálculo complicado e tinha que passar pelas explicações repetidas vezes, passo por passo, até emergir algum tipo de sentido. Eu estava consciente desta lacuna e me dei conta muito cedo de que não tinha talento natural para a matemática. Isto não me deteve; simplesmente passei a trabalhar ainda mais duro – e fui recompensado. Ainda me lembro da euforia que senti quando, depois de muito ler e reler, o significado das equações diferenciais de Cauchy-Riemann para funções complexas subitamente ficou claro para mim.

Interessava-me tanto pelos aspectos técnicos como pelos mais gerais da física e da astronomia, mas não traçava uma distinção entre eles. Para mim, Eddington, Mach (sua *Mecânica* e *Teoria do calor*) e Hugo Dingler (*Fundamentos da geometria*) eram cientistas que se moviam com desenvoltura de um fim de seu objeto para outro. Li Mach muito cuidadosamente e fiz muitas anotações. Esqueci-me dele, então. Décadas mais tarde, ouvi Mach ser descrito como um positivista bitolado e de visão curta. "Este não é o Mach que conheço", disse, e reli a *Mecânica*. De fato constatei que muito dos (assim chamados) estudos sobre Mach é ideologia, não fato, e pode ser demolido com uma pequena leitura relaxada das suas obras básicas. Dingler impressionou-me por sua clareza, confiança e pela maneira com a qual construía ciência com base em decisões. Por anos fui capaz de neutralizar os fatos com hipóteses *ad hoc* escolhidas adequadamente. Aos 15 anos, também me envolvi em minha primeira "controvérsia científica" – com Johannes Lang, um expoente da teoria da Terra oca (a Terra é uma esfera oca, as estrelas fixas são depósitos de minerais numa esfera interior menor). Lang argumentava, com base em fatos (linhas de chumbo distanciadas em minas divergem), considerações matemáticas (linhas que são retas fora de uma unidade de circunferência tornam-se circulares dentro dela, preservando todos os ângulos) e fragmentos de falsa história (Netuno estava bem longe do lugar previsto e foi descoberto por puro acaso). Eu não conhecia o motivo da teoria, mas lá estava ela e eu a tinha lido; ataquei-a numa carta ao seu autor. Meu argumento principal era o de simplicidade: existem sempre várias maneiras de vincular e corrigir "fatos", mas a maneira a ser aceita é a mais simples. Mencionei também alguns erros. A resposta (eu ainda a tenho) contém a seguinte frase: "Para mim, você parece um camundongo que tenta derrubar um grande edifício mordiscando seus ornamentos".

Na época eu participava de um coral misto, sob a direção de Leo Lehner, um conhecido maestro, compositor e dirigente de corais. Lehner era nosso professor de música na escola. Ele frequentemente chegava atrasado, sentava-se ao piano, apontava um de nós e dizia: "Traga-me Steffi (por exemplo) da 6ª B" (a escola era mista, mas as meninas eram gradualmente eliminadas). Quando

Steffi (ou Gertrude, ou...) chegava, Lehner a envolvia com o braço e começava o arranjo. Ele tocava o órgão nas missas de domingo (obrigatórias na época) e frequentemente animava os eventos sacros com melodias populares. Poucos membros do coral, eu era um deles, tinham permissão de ficar com ele no recinto do órgão. Eu cantava solos e causava uma forte impressão, pois tinha uma voz limpa e potente. O coral se apresentava em eventos políticos, dávamos concertos no rádio (com Josef Holzer, o maestro titular da orquestra radiofônica e Max Schoenherr, seu substituto ocasional) e também em dois grandes auditórios (Konzerthaussaal e Musikvereinssaal) e, durante o período natalino, nos degraus cobertos de neve das duas maiores igrejas do centro da cidade. Comecei a praticar violino e ouvia o rádio, que na época era, primeiro, um aparelho de detector de cristal com fones de ouvido e, mais tarde, um aparelho de válvulas de segunda mão. Quando ouvia alguma canção ou ária interessante eu procurava o texto, aprendia-o e depois cantava – dia sim dia não – para o desgosto de nossos vizinhos. Eu não tinha uma partitura, não sabia ler música; aprendia canções, árias e atos operísticos inteiros só de ouvido.

Eu admirava ópera, que parecia ser o meio perfeito para meu estilo de atuação "exagerado". Entretanto, passou muito tempo até que eu assistisse a uma representação ao vivo. Tendo minhas próprias concepções bastante idiossincráticas sobre como o mundo era organizado, eu achava que os edifícios das óperas e teatros só eram acessíveis a quem tivesse uma permissão especial, que não era disponível para mortais adolescentes como eu. De qualquer modo, seria algo muito caro. Via os cartazes e fotografias e identificava os nomes dos cantores que conhecia do rádio. Eu me surpreendia com a diferença entre os papéis que eles representavam e suas aparências pessoais – mas nunca pensei em ir adiante. Com o tempo, Lehner foi substituído por Johann Langer, um ex-cantor de ópera. Langer nos reunia em torno do piano, explicava o enredo básico das óperas e as executava, cantando todos os papéis. Era o impulso que eu precisava. Comprei um ingresso (para minha grande surpresa pude comprá-lo), fui à Volksoper e logo me tornei um irremediável viciado.

Naquela época (cerca de 1939 a 1942), a Volksoper tinha produções excelentes, com cantores de primeira e bons regentes. Ouvir Georg Deggl como Tonio, Rigoletto, Backmesser era uma revelação. Deggl havia começado em peças dialetais. Seu estilo de atuação era simples mas eficiente. Ele tinha uma voz extraordinária: sombria, aveludada, como o céu noturno. Ele cantava bastante, às vezes três grandes papéis de uma vez (lembro-me de um fim de semana em que ele cantou Luna, Beckmesser e Rigoletto; era um excelente Luna, ainda mais excelente como Beckmesser – "*endlich ein gesungener Beckmesser*", "enfim um Beckmesser que canta seu papel", escreveram os críticos – mas deu sinais de cansaço como Rigoletto). Ele começou a gravar quando sua voz já estava em declínio. Dois papéis pareciam ter sido escritos especialmente para ele: Tonio e Rigoletto. Ninguém se movia durante o "*pari siamo*" ("*gleich sind wir beide*" – todas as óperas eram cantadas em alemão) – uma grande peça de música trazida à luz por um grande artista. Membros da Ópera Estatal apresentavam-se ocasionalmente – e nos desapontavam, mamãe e eu, que costumávamos ir juntos. Eu tinha admirado Georg Monthy no rádio, mas achei seu Rigoletto áspero e sem inspiração. Alfred Jerger era uma lenda – mas seu Hans Sachs mal se fazia ouvir. "Isto é tudo que a Ópera Estatal tem a oferecer?", eu perguntava a mim mesmo e voltava ao grande teatro. Lá vi uma apresentação do *Holandês voador* com Hans Hotter no papel título. Era a primeira visita de Hotter a Viena. Ele já era famoso e eu imaginava como ele seria em comparação com Willy Schwenkreis, um outro barítono da Volksoper. "Bom?", perguntou mamãe quando voltei. "Willy Schwenkreis é muito melhor", eu disse – e com isso eu queria dizer: canta mais alto. Mais tarde, depois da guerra, dei-me conta da força de Hotter. Eis outra voz única, cujas melhores qualidades nunca foram capturadas numa gravação.

Langer notou minha fascinação, convidou-me à sua casa e deu-me instrução vocal. "Você deveria ir para uma academia", disse-me após algumas lições. Papai concordou e preparou o caminho. Fui aprovado no exame de admissão e tive um excelente professor: Adolf Vogel da Ópera Estatal, um famoso Leporello, Beckmesser, Alberich, Varlaam, com alunos do mundo todo (Norman Bailey, o poderoso Macbeth, Hollaender, Sachs e agora Gremin é um deles). Aprender a cantar é muito diferente de aprender como pensar. Há semelhanças. Há livros – partituras de óperas, missas, oratórios, em um caso; livros de textos, ensaios, anotações de aulas, em outro. Pode-se aprender observando pessoas que se destacam. Mas uma voz não é um cérebro. Aplicado a uma tarefa que excede sua capacidade momentânea, um cérebro fica desconcertado, não entende, mas permanece em boa ordem de funcionamento (estou falando de problemas matemáticos ou físicos, não de pensamentos desenvolvidos em uma peça ou romance). Uma voz, empregada numa situação semelhante, vacila, fraqueja e desaparece. Centenas de artistas talentosos perderam a voz cantando papéis que eram demasiado difíceis para suas capacidades ou estágios de desenvolvimento. Um gênio matemático precisa de alguma formação; entretanto, ele(a) pode começar com os problemas mais complicados diretamente. Não há necessidade de "crescer". Um cantor deve esperar. Ele(a) não pode cantar aos vinte anos o que necessita dez anos de preparação física, musical e espiritual. A razão é que cantar envolve o corpo todo, não apenas os pulmões, o cérebro e o diafragma. Basta entrar num conservatório e ouvir os sons. Aqui umas notas de um concerto de celo, ali as escalas produzidas por uma voz indefinida, um piano intervém, ouve-se uma ária a distância, clara, bem fraseada, mas é interrompida por causa de um erro menor na entonação – por toda parte corpos, mentes e almas são convidados, implorados, aliciados, ordenados a fundir-se no trabalho em andamento. E há quase tantos métodos quanto professores. Alguns destes usam canções e árias diretamente. Escolhem uma peça musical simples, que requer apenas uma habilidade vocal muito rudimentar e tentam construir a voz trabalhando nela. Depois de um tempo passam para a próxima peça, experimentando no seu decorrer. Outros começam com escalas, vocalizam e daí partem finalmente para árias que não requerem uma categoria vocal específica. A categoria (tenor ou barítono, baixo cantante ou baixo profundo), creem eles, vai emergir no decorrer da formação. Outros ainda ficam com as escalas por meses, até anos. Um professor pode interferir na vida pessoal do aluno; por exemplo, ele pode aconselhar uma soprano virgem a ter relações sexuais para acrescentar alguma vivacidade à sua voz (hoje o conselho dificilmente se faz necessário – mas o era quando comecei a cantar e alguns professores faziam eles mesmos o trabalho necessário). Há professores que se deixam ganhar por uma voz bonita e encorajam seus alunos a cantar música que está muito além deles. Outros são estritos e mantêm suas posições. Vogel pertencia a esta última categoria. Ele me pedia para falar suavemente e sob nenhuma circunstância tentar algo lírico. Eu cantava escalas, *pianissimo, piano, mezzoforte* no máximo. Havia dificuldades. Eu ficava rouco, produzia uma incrível variedade de sons desagradáveis mas pouco a pouco consegui acertar minha voz. Ela mudou de caráter e cresceu até minha boca parecer muito pequena para contê-la. "Esta é uma voz internacional", diziam as pessoas quando, desobedecendo ao conselho de Vogel, eu tentava uma ária ou um *Lied*; cheguei mesmo a ser abordado por um agente teatral que me ouvira cantando no ponto de bonde. O curso de minha vida era agora claro: astronomia teórica durante o dia, de preferência no âmbito da teoria da perturbação, e então ensaios, treinamento, exercícios vocais e ópera ao anoitecer (bufões como van Bett, ou bastardos como Scarpia) e observação astronômica à noite. Um quadro que pintei durante esta época mostra um lado de meu plano. Lá estou eu, no alto de uma montanha inacessível, perscrutando por meio de um telescópio um céu claro e imaculado. O único obstáculo que permanecia era a guerra. "Todo este trabalho duro terá sido em vão", disse Vogel quando recebi minha convocação. Ele estava certo.

4 Ocupação e guerra

Em março de 1938, a Áustria tornou-se parte da Alemanha. Para algumas pessoas – uma pequena minoria –, isto era o fim da vida civilizada. Para outras, significava a libertação da tirania de um totalitarismo católico que governara a Áustria durante anos. Outras ainda saudaram a unificação com o Grande Irmão e o aumento de poder que isto implicava. "Veja nossos aviões", exclamavam elas quando a força aérea alemã voava sobre Viena. Havia rumores de progresso, de fim da estagnação, de grandes oportunidades. "Logo trabalharemos novamente", diziam os desempregados; "vão cuidar de nós", diziam os destituídos; "finalmente estamos livres", diziam os politicamente em desvantagem, proeminentes socialistas entre eles. Adolf Hitler desempenhou neste processo um papel importante e, considerando a maneira pela qual ele é retratado hoje, bastante surpreendente.

Muitos austríacos tinham acompanhado sua ascensão ao poder na Alemanha e o ouvido pelo rádio. Os eventos radiofônicos eram bem coreografados. Um apresentador popular descrevia o local, o tamanho da audiência, os líderes políticos e culturais presentes e as redes que transmitiriam o discurso. Era uma longa lista; durante a guerra e, numa certa medida, já antes dela, numerosas estações estrangeiras participavam. Bandas militares tocavam melodias conhecidas. Elas paravam, começavam, paravam, começavam de novo – Hitler nunca era pontual. Subitamente – a *Bandenweilermarsch*, a favorita de Hitler. Aclamações de entusiasmo eram ouvidas a distância, aproximavam-se, cresciam em volume até que a audiência toda era uma só massa ruidosa de júbilo. Um ou dois discursos por Goebbels, Hess, Goering ou alguns chefes nazistas locais e, finalmente, Hitler. Ele começava lentamente, hesitante, com uma voz baixa, ressonante: "*Volksgenossen und Volksgenossinnen!*" – "Meus compatriotas e minhas compatriotas!". Muitas pessoas, jovens e velhos, homens e mulheres, minha mãe entre elas, eram hipnotizadas por sua voz. Ao ouvirem o mero som, ficavam transfixadas. "Eu amava Hitler", escreve Ingmar Bergman em sua autobiografia, relatando suas impressões como um adolescente no programa de intercâmbio estudantil. "O único rosto entre homens sem rostos", foi a reação de Heidegger. "Ele é um fenômeno – pena que sou judeu e ele antissemita", disse Joseph von Sternberg, inventor de Marlene Dietrich, diretor de o *Anjo azul* e de muitos filmes posteriormente em Hollywood. Hitler mencionava problemas e realizações locais; fazia piadas, algumas delas bem boas. Gradualmente ia mudando o modo de falar; abordando obstáculos e recuos, Hitler aumentava a velocidade e o volume do discurso. Os rompantes violentos, que eram as únicas partes de seus discursos conhecidas no mundo todo, eram cuidadosamente preparados, bem encenados e explorados com um humor mais calmo uma vez terminados. Eles eram resultados do controle, não da ira, ódio ou desespero, ao menos enquanto Hitler estava ainda em boa forma física e no comando dos eventos. "Eis um homem que sabe como falar", dizia papai, que estava ansioso pela anexação, "não como Schuschnigg" (o chanceler austríaco, um intelectual sem têmpera e apelo popular). Como estes eventos me afetaram? Quais eram minhas impressões? O que fiz?

No verão de 1988, li a autobiografia de François Jacob, *A estátua interior*. Jacob conta como, quando jovem, decidiu deixar a França e combater Hitler a despeito do armistício e da existência de uma França "neutra" sob Pétain. Jacob tem uma visão nítida da situação, um forte senso do certo e do errado e agiu de acordo com isto. Minha percepção era diferente. Muito do que aconteceu só fiquei sabendo depois da guerra, por artigos, livros e programas de

TV, e os eventos que presenciei ou não me impressionaram nada ou me afetaram de um modo casual. Lembro-me deles, posso descrevê-los, mas não havia contexto para lhes dar significado e nem escopo para poder julgá-los. No dia 14 de março de 1938 (ou foi 15 de março?), quando Hitler entrou em Viena, eu começara minha caminhada habitual rumo ao centro da cidade. Não fui muito longe. Algumas ruas estavam bloqueadas pela polícia, outras estavam repletas de espectadores entusiastas. Uma mania religiosa parecia ter engolfado a cidade. Voltei para casa terrivelmente aborrecido. Lá meu pai ouvia a notícia pelo rádio; tentei desligá-lo – o barulho atrapalhava minha leitura. (Esta era uma antiga batalha: papai ligado às notícias, eu pouco ligava para elas.) Para mim, a ocupação alemã e a guerra que se seguiu foram um inconveniente, não um problema moral, e minhas reações vinham de estados de espírito e circunstâncias acidentais, não de uma perspectiva bem-definida.

Assim, eu exaltava os ingleses enquanto mamãe, defendendo a linha popular, os condenava. Tivemos uma grande briga. Mas também escrevi, produzi e interpretei uma paródia caricaturizando a situação na Câmara dos Comuns (interpretei Chamberlain com seu guarda-chuva – eu tinha 15 anos na época). Deixei uma reunião da juventude hitlerista com a alegação, recebida com estupor, escárnio e certa raiva, de que tinha de ir à missa (não era verdade – apenas escolhi a desculpa mais provocadora que pude encontrar). Em outras ocasiões eu obedecia ordens; por exemplo, ia às casas dos ausentes para trazê-los às reuniões (nem sempre conseguia; alguns pais simplesmente me atiravam para fora). Quando papai comprou o *Mein Kampf* eu o lia alto para a família reunida. "Que maneira ridícula de se colocar", eu pensava, "tosca, repetitiva, mais latido do que discurso". Contudo, conclui uma redação escolar sobre Goethe vinculando-o a Hitler. Não havia nenhuma intuição nesta manobra, nenhuma convicção profunda; o desejo de obter uma boa nota certamente não pesou; tampouco eu havia sucumbido ao "carisma" de Hitler como o haviam feito artistas, filósofos, cientistas e milhões de homens e mulheres comuns – entretanto, o que me levara a fazer isto? Suponho ter sido a tendência (que ainda tenho) de pegar concepções estranhas e levá-las ao extremo. Fui bastante tocado pelas primeiras páginas do *Mythos des Zevanzigs-*

ten Jahrhundersts [*Mito do século vinte*] de Rosenberg; eu quase podia sentir o fluxo do sangue nacional e o poder do Todo de onde ele vinha. Dois anos mais tarde, durante o juramento coletivo que completava minha preparação ao serviço militar (*Arbaitsdienst*), tentei reviver a emoção; não consegui. Conclui que aquilo tinha sido um acaso feliz e que o juramento era vazio. No fim de nosso treinamento na Alemanha, o comandante da companhia ofereceu-nos uma escolha: podíamos ir para a França como parte da força de ocupação ou ficar na retaguarda e manter o quartel limpo. Ergui a mão: "Quero ficar aqui". O comandante veio até mim: "Por quê?", perguntou. "Porque quero ler sem ser perturbado." "Pessoas como você deveriam ser erradicadas (*ausgerottet*)", disse ele e retirei meu pedido. Ainda posso ver seu rosto tomado de ódio. (Na França, tentei dar um jeito de escapar; fui apanhado e destacado para uma unidade especialmente perigosa.) Entretanto, quando permanecemos inativos às margens do lago Peipus, aborreci-me e pedi para ser mandado para o combate. "Você é muito valioso para ser desperdiçado agora", disse-me Herr von Bewersdorff, "vamos precisar de você depois da guerra". Por aquela época também pensei em ingressar nas SS. Por quê? Porque um homem das SS tinha melhor aspecto, falava e andava melhor do que os mortais comuns – estética, e não ideologia, era a razão. Uma forte tensão erótica me impulsionava quando discutia o assunto com algum companheiro. Eu me expunha com frequência durante a batalha. Não era por bravura – sou um grande covarde e me atemorizo facilmente – mas por excitação: chamas no horizonte, tiros, vozes indistintas, aviões atacando do ar e tanques no solo – era como um palco e eu atuava de acordo. Numa destas ocasiões recebi a Cruz de Ferro, em outra, três balas – uma no rosto, uma na mão direita, a terceira na espinha. Enquanto ainda estava na escola eu contara ao nosso professor de música que tinha visto um retrato de Stravinski na vitrina de uma loja. Stravinski, eu acreditava, era judeu, e exibir seu retrato era uma infração às leis em vigor. (Na verdade, Stravinski não era judeu, ele era antissemita – mas poucas pessoas sabiam disto.) Eu não me sentia ultrajado, não precisava de favores e tampouco estava em dificuldades; tudo o que queria era estabelecer algum contato pessoal. (Esta necessidade frequentemente me fazia agir de uma maneira um tanto subserviente.) Entretanto, em outras ocasiões eu ridicularizava a ideia de excelência corporal, valor militar ou a identificação então popular do fascismo com a Roma Antiga. "Qual a diferença entre músculos fortes e uma barriga grande?", perguntei ao nosso professor de alemão (que era também nosso principal ideólogo) na frente da classe. "Nenhuma das duas coisas pode ajudar uma pessoa estúpida". "Por que ser corajoso?", continuei. "Um homem sábio corre quando as coisas ficam perigosas". Critiquei um filme italiano que comparava Mussolini a César (ou Augusto – não lembro bem). "Que farsa!", eu disse; "A Itália moderna não é sequer uma pálida sombra de Roma Antiga!". O dr. Baaz, nosso novo e politicamente correto diretor, que entrava na classe naquele momento, não achou graça. "Onde você viu esse filme?", perguntou ele. "Eu não o vi", respondi. "Era um filme de propaganda. Se eu o tivesse visto, teria sido influenciado e não poderia fazer uma avaliação objetiva." Devo ter ficado muito orgulhoso desta resposta para lembrar-me dela até hoje.

Olhando para trás, vejo uma combinação bem instável de espírito de contradição e tendência a se conformar. Um julgamento crítico, ou uma sensação de inquietude podiam ser silenciados ou transformados em seus opostos por um impulso contrário dificilmente perceptível. Era como uma nuvem frágil dispersada pelo calor. Em outras ocasiões eu não ouvia a razão, ou o senso comum nazista, e me apegava a ideias impopulares. Parece que esta ambivalência (que sobreviveu por muitos anos e apenas recentemente enfraqueceu) vinculava-se à minha ambivalência em relação às pessoas: eu queria me aproximar delas, mas também queria que me deixassem sozinho.

A mudança de governo foi seguida de mudanças na escola. Alguns professores desapareceram, outros foram transferidos. "Ele é judeu" ou "Ele tem uma esposa judia", dizíamos sem prestar muita atenção – assim, ao menos, é como me parece hoje, em retrospecto. Os alunos judeus de nossa classe tiveram que ficar em bancos especiais, no fundo da sala. Havia três deles, Weinberg, Altendorf e Neuern. Neuern tinha olhos azuis esverdeados e cabelo crespo; ele sentava-se na primeira fila, à direita, ao lado de Hlavka, a quem eu admirava; Altendorf era gordo e tinha uma voz lamuriante;

Weinberg tinha olhos castanhos, era atraente e vestia-se bem. Posso vê-los diante de mim, como se eles tivessem partido apenas ontem. Fomos instruídos a manter distância deles e a maioria de nós obedeceu, embora não estritamente. Lembro-me de dar uma volta em torno de Weinberg no intervalo e depois me afastar. Eles também desapareceram. Começou a aparecer gente envergando estrelas amarelas em ônibus, nos bondes e nas ruas; colegas judeus visitavam meu pai e pediam conselhos; nosso velho médico de família, o dr. Kronfeld, um senhor jovial e espirituoso, não podia mais exercer a medicina e foi substituído pelo dr. Fischer, outro senhor jovial e espirituoso; um de nossos vizinhos, Herr Kopstein, e seu filho deixaram o bairro, empurrando um carrinho com seus pertences – "eles estão indo embora", disse papai – todos estes fatos eram estranhos e distantes como os malabaristas e cantores de rua outrora, o bombardeio dos bairros operários em 1934, os cadáveres e as calçadas ensanguentadas pelas quais passei correndo ao voltar da escola, o ataque sexual que sofri quando tinha 13 anos, opacos como tudo isto. Nunca me ocorreu fazer mais perguntas; a ideia de que o destino de cada ser humano estava de alguma forma vinculado à minha própria existência estava totalmente fora de meu campo de visão.

Em abril de 1942, quatro semanas depois de ter sido aprovado nos exames finais do colégio (*Matura*), fui convocado para o serviço militar (*Arbeitsdienst*) e enviado a Pirmasens para treinamento básico. Eu e os dois outros austríacos em nossa companhia logo nos tornamos impopulares; éramos preguiçosos, descompromissados e mais do que propensos a deixarmos as responsabilidades para aqueles que falavam constantemente delas. As autoridades restauraram a ordem indicando-nos para diferentes unidades. Minha unidade acabou em Quelerne en Bas, perto de Brest, na Bretanha. Era uma vida monótona. Durante a semana, deslocávamos-nos pelo campo, cavávamos trincheiras e as tampávamos de novo. Aos fins de semana, todos iam a Brest para sexo e bebida. As moças eram decididamente extrovertidas – "elas embarcam com você na hora", disse-me com entusiasmo um sujeito do comando da linha de frente. Eu ficava na unidade. Em parte como representação ("sou uma pessoa especial que não faz estas coisas tolas"), em parte por preguiça. O acampamento ficava deserto e silencioso, ninguém dava ordens e eu podia descansar, dormir e ler os livros que trouxera comigo. Minha atitude não agradava nem os companheiros nem os superiores e eles decidiram me dar uma lição. Formaram-se duas facções; uma queria me surrar, a outra sugeriu que eu devia ser deixado em paz. Finalmente houve uma grande briga – e não eu, mas meus defensores e detratores ficaram com os narizes sangrando. Uma vez fui posto na prisão – esqueci o motivo – e frequentemente tinha que fazer trabalho extra. Lembro de fragmentos e estados de espírito: o banheiro na colina atrás do acampamento, as bebedeiras da tropa, uma excursão a Brest, as canções no rádio que estendiam um véu de melancolia em torno de tudo. A maioria dos eventos políticos e militares passou por mim sem deixar impressão alguma. Dei-me conta da guerra contra a Polônia e a França. A invasão da Rússia dificilmente poderia passar desapercebida – havia reportagens diárias introduzidas pelo tema principal dos *Prelúdios* de Liszt. Tive uma vaga noção do que aconteceu durante o inverno de 1941/1942. Mais tarde, conheci soldados que envergavam a *Gefrierfleischorden* – a medalha da carne congelada – que receberam por ter sobrevivido sem roupas de inverno. Nada soube sobre Pearl Harbor e nada registrei da maioria dos eventos de 1942/1943/1944 – eu simplesmente não estava interessado. Minha estada em Brest terminou em novembro e eu voltei para casa. Meus pais se surpreenderam com os hábitos e padrões de fala que eu tinha adquirido; eu me surpreendi com a pequenez de nosso apartamento. Duas semanas antes do natal parti novamente, desta vez para o exército.

    O treinamento agora era no Octogésimo Sexto Batalhão de Engenharia de Reserva em Krems, perto de Viena. Depois de algumas semanas, fui como voluntário para a escola de oficiais. Eu não tinha anseio de liderança, apenas um desejo de sobreviver: os candidatos recebiam treinamento adicional em lugares seguros – talvez a guerra acabasse antes de sermos mandados para o *front*. Nossa primeira locação foi Sisak/Iugoslávia. Estávamos instalados num colégio perto do centro da cidade e trabalhávamos na praia do rio Sava. Lá aprendíamos a desmontar e limpar armas, colocar e descobrir minas, construir e destruir pontes, montar, detectar e desativar bombas, entre outras coisas úteis. Montar as partes de pontes de barcas era nossa última ocupação favorita. As partes, todas pré-fabricadas, ficavam na areia; oito soldados (acredito) ficavam atentos diante delas. Uma ordem rápida – e o exercício começava. Grupos de dois ou quatro desempenhavam ações cuidadosamente padronizadas. Pessoas tropeçavam, caíam n'água, perdiam o equilíbrio embaixo de pesadas peças de equipamento – e tinham que começar tudo de novo. Fui mandado duas vezes para o hospital por causa de feridas sangrando nas mãos. Eu tinha um quarto, li *Grüner Heirich*, [*Henrique, o Verde*] de Keller e decidi tornar-me um pintor. Em seguida, deslocamo-nos para Vukovar. Foi lá que soube do suicídio de mamãe. Eu estava sentado na sala comum, tentando achar um diagrama simples e convincente das transformações de Lorentz. Um de meus amigos se aproximou: "Posso falar com você a sós?". Fomos até uma janela aberta no corredor. Estava escuro – mal se podia ver o jardim e as árvores. Ele me contou. Agradeci-o e voltei aos meus esboços. Não senti absolutamente nada. O resto do grupo já sabia; eles haviam discutido a forma de me avisar da maneira mais suave possível. Ficaram chocados, estarrecidos, com meu comportamento – e me disseram quando voltei de Viena.

Mamãe havia morrido no dia 29 de julho (1943). Cheguei dia 4 de agosto, o enterro foi no dia 5. O corpo de mamãe jazia numa estrutura elevada, ligeiramente acima de nossas cabeças. Sua boca caíra e os lábios estavam negros. Papai quis ver mais de perto; puxei-o para trás: "Não olhe para ela agora", eu disse, "tente lembrar-se dela como era quando estava viva". O corpo foi transferido para o caixão, este foi descido à sepultura e nós começamos a cobri-lo de terra. Perdi minha pá; ela caiu com um estrondo sobre o caixão. E então tive uma grande surpresa. Eu pensava que o padre Egger, de nossa igreja próxima, fosse conduzir o funeral. Mas em vez dele veio o padre Brandmeier, meu professor de religião no colégio, um homem bom e grande orador. Desconfio que Egger tenha recusado enterrar uma suicida, que papai procurou Brandmeier e este encontrou uma maneira. Mais uma vez as pessoas comentaram o quanto eu parecia frio e inabalado durante a cerimônia.

Agora quem cuidava da casa era tia Julie, que não era minha parente favorita. Tio Rudolf veio nos visitar: "O que vocês fizeram com ela?". Papai e eu fazíamos longos passeios e conversávamos trivialidades. De volta à Iugoslávia, escrevi minhas impressões sobre a capa da *Ifigênia*, de Goethe. Era um dia ensolarado e eu descansava num milharal. Escrevi sobre a dor de meu pai, sobre nossa separação, a guerra e as incertezas da vida. Eu tinha os pensamentos "certos" e considerava as coisas "certas" – mas minhas emoções eram distorcidas e superficiais, era mais literatura do que sentimentos autênticos. Eu estava consciente da discrepância, embora não tivesse exemplos para me orientar. Aos poucos as impressões esmaeceram; o que permaneceu foram os problemas cotidianos da vida num país ocupado.

Nunca nos deparamos com a resistência e raramente nos víamos como uma força de ocupação. De Vukovar deslocamo-nos para Brod, Banja Luka, Novi Sad, Vincovci e de volta ao ponto de partida. Durante uma destas viagens, eu e outro soldado nos aproximamos de uma casa numa fazenda. Uma mulher velha apareceu no portão. Estávamos famintos e pedimos, em alemão, leite e pão de milho. A mulher respondeu em inglês – ela estivera nos Estados Unidos e ainda tinha parentes lá. Era gentil e educada, conversou bastante conosco mas não nos deu comida. Ela também nos explicou por quê: nós éramos o inimigo. Aquilo realmente nos surpreendeu. Em novembro tivemos uma breve folga; no dia 11 de dezembro de 1943 fomos finalmente enviados para a batalha.

Aqui também só me lembro de episódios isolados. Posso localizar alguns deles mas não tenho ideia de onde e quando ocorreu o resto. Até cerca de cinco anos atrás eu pensava ter estado em Kiev; mas depois de conferir um pouco aqui e ali convenci-me de que nunca deixei a parte norte do *front* russo. Mas isto não importa – a vida era desagradável em todos os lugares. Fomos colocados perto de Staraja Russa; acabamos na margem oeste do lago Peipus, perto de Pskov. Fui promovido a cabo (*Gefreiter*) em outubro de 1943, a sargento (*Unteroffizier*) e aspirante a tenente em abril de 1944 e a tenente perto do fim daquele ano – isto é o que meus registros militares dizem; minha mente, porém, é opaca. Nossos primeiros alojamentos eram buracos no chão com beliches de madeira. A terra estava dura quando chegamos; logo transformou-se em lama. A lama estava em toda parte; lama marrom avermelhada; em nossas botas, em nossos rostos, mãos, camisas, cabelos. Não andávamos, escorregávamos. No dia de nossa chegada, um soldado atirou em si mesmo tentando desmontar uma pistola. Ele ficou lá com um olhar intrigado enquanto o sangue jorrava de seu corpo descrevendo uma parábola perfeita, que subia e caía, encolhia e finalmente desaparecia. Por algumas semanas simplesmente esperamos: comíamos, dormíamos, limpávamos nossas armas e olhávamos para o horizonte. Então começou a retirada. Marchando pelo campo, explodimos todas as casas que encontramos; púnhamos explosivos em lugares estratégicos, ligávamos o detonador e corríamos. Dormíamos perto de fornos, com o rifle, máscara de gás, mochila, punhal e munição ao lado. Os fornos ainda estavam quentes – os habitantes haviam partido há poucas horas. Ouvíamos a artilharia, víamos fogos, mas nunca vimos um só soldado russo. Tampouco havia civis – com duas exceções. Numa ocasião, um enorme soldado da infantaria que eu notara antes reuniu civis, homens e mulheres num porão, a cerca de duzentos metros de onde eu estava, e jogou uma granada de mão sobre eles. "Para que ele fez isto?", perguntou meu vizinho. Em outra ocasião um indivíduo pequeno, de aparência ameaçadora, alvejou um civil na cabeça. Os fatos não me chocaram – eram muito estranhos para isto; contudo ficaram comigo e me dão arrepios quando me lembro deles hoje em dia.

Paramos brevemente para celebrar o Natal. Compus um *sketch* e cantei uma balada descrevendo o destino do velho sábio Sócrates. Surpreendo-me ao ler que recebi a Cruz de Ferro logo em março de 1944 – pensava que tinha sido muito depois. Foi isto que aconteceu. Estando na neve, fomos atacados por aviões – uma raridade na Rússia – e fogo de artilharia. Ficamos com medo – sei que eu fiquei – e tentamos desaparecer no chão. Nossos tanques iam para frente e para trás. Esmagaram um de nossos soldados. Ele ficou lá, achatado, como um pedaço de papelão. Avançamos. Escureceu. Ao nos aproximarmos de uma aldeia atiraram em nós. Agarrei meu lança-foguetes manual, um *Panzerfaust*, saltei para uma estrada levemente elevada, corri na direção da aldeia e encorajei os outros a me seguirem. Entramos na aldeia, ocupamo-la por algumas horas e retomamos nosso percurso. Menciono o incidente como um exemplo não da minha coragem, mas de minha imbecilidade e para ilustrar o modo pelo qual minha memória funciona. De qualquer forma – ganhei uma Cruz de Ferro, segunda classe. Perdi-a há muito tempo, mas ainda tenho a confirmação, bem aqui, no meu *Soldbuch*.

Algumas vezes no decorrer do ano, antes ou depois dos eventos que acabo de mencionar, fui posto no comando de uma companhia de soldados experientes. Lá estava eu, um dedicado rato de biblioteca, sem experiência, as insígnias de autoridade nos ombros, sendo confrontado com um bando de céticos peritos. O mesmo se deu comigo de novo, vinte anos depois, quando eu devia lecionar para índios, negros e hispânicos que haviam ingressado na universidade como parte dos programas educacionais de Lyndon Johnson. Quem era eu para dizer a estas pessoas o que pensar? E quem era eu agora para dar ordens a homens que estavam na guerra há anos? Comecei por puxar conversa – rumores que eu tinha ouvido sobre movimentos de tropas – apenas para estabelecer algum tipo de contato. Não consegui. Deslocamo-nos para oeste e finalmente chegamos ao lago Peipus. Havia pouco a fazer; algumas escaramuças durante o dia, fogos coloridos durante a noite. Ocasionalmente um oficial enviava um destacamento através do lago, mas a maior parte do tempo os soldados simplesmente ficavam em seus buracos, olhando o horizonte e esperando serem substituídos. O tempo estava bonito – um dia ensolarado depois do outro; era quase como estar de férias num parque nacional. Eu dava passeios e retomei meus exercícios vocais. À noite eu checava os postos de observação. Dizia a senha, saltava no buraco, explicava as constelações e estrelas peculiares, acrescentava informação astrofísica relevante e partia para o buraco seguinte. Semanas depois alguns de "meus homens" disseram-me: "Você é louco, mas é OK. Mas quando chegou... Bem, achamos que você era um verdadeiro babaca".

Tendo completado minha atribuição, voltei à escola de oficiais em Dessau Rosslau, uma cidadezinha a cerca de 50 km de Leipzig; assim como outros aspirantes. Estudávamos tática, história das guerras, direito militar, explosivos, armas etc. e participávamos de exercícios de treinamento. Organizei o *show* de despedida com gozações versificadas para todos. Dei também uma série de conferências. Não sei como aquilo aconteceu mas ainda posso ver os instrutores sentados diante de mim com expressões em parte céticas, em parte irritadas em seus rostos. Tenho comigo o texto completo das conferências – quarenta páginas de um caderno de 15 por 20 cm. Isto é um verdadeiro milagre, pois não tenho o hábito de guardar lembranças. Comecei dia 21 de novembro de 1944 e parei no dia 1º de dezembro. Eis o começo da segunda conferência escrita no estilo inflado que eu usava na época.

"Antes de prosseguir com minhas observações", eu dizia, "quero tratar de eventos que ocorreram como resultado de minha conferência anterior. Tenho uma determinada posição bem definida. Não tenho a intenção de desviar-me dela em virtude de algum enunciado feito por alguém nesta sala e isto porque para mim tal posição é incondicionalmente verdadeira. Minha fala terá portanto um caráter definitivo e absoluto. Que cada um tire dela o que merece. Não dou nomes e ninguém que esteja com a consciência limpa tem que se sentir ofendido." Isto se dirigia aos soldados meus companheiros, mas também aos instrutores que me haviam ridicularizado por ser *lebensfremd* – um estranho à vida. "O que vocês entendem por "vida"?, perguntei. "Se eu fosse atrás de vocês perderia meu tempo visitando lugares que não passam de aldeias crescidas e discutindo o tempo e o vento na companhia de mulheres desmioladas. É isto que vocês filisteus entendem por 'vida'?" A verdadeira conexão entre as coisas, eu dizia, "revela-se ao pensador solitário e não àqueles que estão fascinados pelo ruído". As pessoas têm diferentes profissões, diferentes pontos de vista. Elas são como observadores olhando o mundo pelas janelas estreitas de uma estrutura que de resto está fechada. Algumas vezes elas se reúnem no centro e discutem sobre o que viram; "então um observador vai falar sobre uma linda paisagem com árvores vermelhas, um céu vermelho e um lago vermelho no meio; o outro sobre uma planície azul infinita sem fim e o terceiro sobre um atraente prédio de cinco andares; eles vão discutir. O observador no alto de sua estrutura (eu) pode apenas rir de suas discussões – mas para eles as discussões serão reais e eu serei um sonhador fora do mundo". A vida real, eu disse, é exatamente assim. "Cada pessoa tem suas próprias opiniões bem definidas que colorem a parte do mundo que ela percebe. E quando as pessoas se reúnem, quando tentam descobrir a natureza do todo a que pertencem, estão fadadas a falar sozinhas; não compreenderão nem a si mesmas nem a seus companheiros. Frequentemente experimentei, dolorosamente, esta impenetrabilidade dos seres humanos – o que quer que aconteça, o que quer que seja dito, ricocheteia na superfície homogênea que os separa mutuamente."

Minha tese principal era de que os períodos históricos como o barroco, o rococó, a era gótica estão unificados por uma essência oculta que apenas um *outsider* solitário pode compreender. A maioria das pessoas procura o óbvio. Por exemplo, elas citam Arndt, Koerner e Schenkendorf para ilustrar o espírito das guerras de libertação (contra Napoleão). Isto, eu dizia, é muito ingênuo. Podemos admitir que épocas de beligerância produzem autores beligerantes – mas isto não esgota a natureza delas. É preciso estudar também os que não foram tocados pelo fervor patriótico e eram talvez avessos a ele; também eles representam a época (meu exemplo eram os muitos interesses do último Goethe). Em segundo lugar, eu dizia, é um engano supor que a essência de um período histórico que começou num lugar possa ser transferido para outro. Haverá influências, é verdade; por exemplo, o Iluminismo francês influenciou a Alemanha. Mas as tendências que emergem da influência compartilham apenas o nome com sua causa. Finalmente, é um equívoco avaliar eventos comparando-os com um ideal. Muitos autores deploravam o modo como a Igreja Católica transformou "bons alemães" durante a Idade Média e depois os forçou-os a ações e crenças não naturais (para eles). Ora, ações "não naturais" não provêm do centro de uma pessoa ou grupo, mas da mente que cria agregados, não totalidades harmônicas. Sendo uma atividade puramente formal, funciona por análise e recombinação. Mas a arte gótica produzia unidades harmônicas, não agregados. Isto mostra que as formas da Igreja não eram formas alheias (*artfremd* – um termo favorito desse tempo) e que os alemães da época eram cristãos naturais, não escravos apáticos e covardes. Eu concluía aplicando a lição às relações entre alemães e judeus. Os judeus, eu dizia, são tidos como estranhos, muito distantes dos "alemães autênticos"; tem-se que eles distorceram o caráter alemão e trans-

formaram a nação alemã numa coleção de indivíduos pessimistas, egoístas e materialistas. Mas, prosseguia eu, os alemães alcançaram este estágio por si próprios. Eles estavam prontos para o liberalismo e até para o marxismo. "Todo mundo sabe o quanto o judeu, que é um fino psicólogo, fez uso desta situação. O que eu queria dizer é que o solo para seu trabalho estava bem preparado. Nosso infortúnio é obra de nós mesmos e não devemos pôr a culpa em nenhum judeu, francês ou inglês."
Depois do treinamento, fui para casa no Natal, voltei a Krems para receber equipamento novo e então para o *front*. No dia 2 de janeiro de 1945, escrevi (no caderno o qual acabei de citar): "Penúltimo dia antes de minha partida. Amanhã estaremos de volta àquela confusão incessante que é a guerra. Quanto tempo ainda isto vai durar? O que permanece são as lembranças: de meus livros, de meu pai, de todas as coisas que cheguei a amar e agora se apegam a mim e me fazem sofrer... Como era fácil zombar da tradição como uma preocupação com coisas que sobreviveram a si mesmas há muito tempo! Não era eu que pregava: esqueça seus pais! Esqueça os laços de família – eles só vão atrapalhá-lo; pense em si mesmo, em suas metas e tente realizá-las? – e agora que estou prestes a partir não posso parar de abraçar meu pai e mesmo o menor objeto que me oferece comove-me até as lágrimas. E os meus livros então? Todos os dias temo perdê-los e não sei como vou me sentir quando o inimigo puser as mãos neles... Deve-se aprender a renunciar aos prazeres simples e a guerra é a grande mestra quanto a isto. A guerra revela a essência de uma pessoa – muitas coisas irrelevantes desaparecem...", e assim por diante. Rapaz! Que estranha mistura de sentimentos autênticos e conversa vazia. Também reconheço Nietzsche – eu tinha lido *Zaratustra* e me rendido à sua retórica. No dia 3 de janeiro tomamos o trem para o *front*. Sentávamos, comíamos e dormíamos em vagões de gado com restos de palha no chão. Uma noite acordei com uma estranha sensação em torno da boca do estômago: eu havia molhado as calças. Tirei-as, sequei minha roupa de baixo e voltei a dormir.

Nosso destino era a Polônia, a área próxima a Chenstochawa. Lá fui posto no comando de uma companhia de bicicletas. Não fiquei propriamente eufórico – eu nunca havia andado de bicicleta e caí quando tentei. Os soldados me rodearam com expressões intrigadas: este é que é nosso líder? O problema foi resolvido pelos russos – em um dia as bicicletas já estavam nas mãos deles. E então vieram duas semanas de caos absoluto. Correr, descansar, construir uma ponte, atravessar a ponte, explodir a ponte, remover minas, colocar minas, descansar, correr de novo. Lembro-me de estar sentado numa casa com camponeses angustiados em torno de mim, lendo um livro; eu estava com os pés mergulhados na água quente quando os russos entraram pela porta de trás – até hoje não sei como escapei; dormindo num celeiro e vendo os russos por meio de uma pequena rachadura quando abri os olhos pela manhã; correndo ao longo de um campo para escapar dos tiros com gente caindo como moscas ao meu redor. Um por um os graúdos foram desaparecendo. O primeiro tenente, um tipo antipático com um sorriso gélido no rosto, mostrou o dedo mindinho; havia sangue nele. "Tenho que me deslocar para o hospital", disse ele; "você assume". Em seguida foi o capitão; depois o major. Depois de alguns dias eu estava no comando de três tanques, um batalhão de infantaria, tropas auxiliares da Finlândia, Polônia, Ucrânia e massas de refugiados alemães. Não havia muito a fazer mas a tarefa era clara – ir rumo ao oeste, o mais rapidamente possível. As pessoas ficaram eufóricas quando entramos numa aldeia que havia sido ocupada – mas não paramos; passamos direto e vimos seus rostos desaparecerem na distância. Mais civis, primeiro da Polônia, depois daquela que logo iria se tornar a Alemanha Oriental, juntaram-se a nós: corriam rumores de que os russos eram conquistadores cruéis. Num certo ponto nos escondemos numa ravina. Soldados rondavam uma aldeia que acabávamos de deixar. Eram russos, pessoas como nós – mas monstruosamente distorcidos pelo medo e pela propaganda. Eles deixaram a aldeia e avançaram. Atiramos neles, sem entusiasmo. Eles continuaram. Um homem ergueu-se. "Abaixe-se!", gritei. Ele ergueu-se de novo e correu. Outros seguiram-no. Fui atrás pedindo que todos permanecessem juntos. Então, uma tardinha, no meio do fogo vindo da esquerda, direita, frente, retaguarda, o horizonte em chamas com casas incendiadas, meu descuido finalmente apanhou-me. Interpretando o herói lírico novamente, postei-me num cruzamento e comecei a dirigir o tráfego. Subitamente meu rosto queimou. Toquei a face. Sangue. Senti um impacto em minha mão direita. Olhei para ela. Havia um grande buraco em minha luva. Aquilo não me agradou nada. As luvas eram feitas de excelente couro e forradas de pele; eu teria preferido que elas permanecessem intactas. Voltei-me ligeiramente para a esquerda – as coisas estavam ficando perigosas. Deslizei e caí. Tentei levantar mas não consegui. Não sentia dor alguma, mas estava convencido de que minhas pernas tinham sido despedaçadas. Por um momento me vi numa cadeira de rodas, movendo-me ao longo de intermináveis prateleiras de livros – eu estava quase feliz. Soldados ansiosos para escaparem da confusão juntaram-se em torno de mim, levantaram-me em uma maca e levaram-me. A guerra, no que me dizia respeito, acabara.

Anos mais tarde, os eventos voltaram em meus sonhos, embora de uma maneira estranhamente transformada. Eu não sonhava então, como não sonho agora, com cenas de batalha e encontros perigosos. Sonho com meu ingresso no exército. A situação é sempre a mesma. Recebo a notícia da convocação. "Ah", digo, "não tenho que ir, sou um aleijado" (o que sou – ando de muletas desde 1946). Entro no quartel, vou para a fila e então, veja só, posso andar. "Que piada de mau-gosto", penso. "Lá estava eu arrastando-me há anos por aí, e agora que não preciso delas, minhas pernas subitamente funcionam." Ou então me lembro (sempre em sonhos) que sou um tenente. "Sou um oficial", digo a mim mesmo. "Não tenho que participar dos exercícios." Mas ninguém nota meu uniforme e tenho que ficar na formação com os demais. Um outro sonho é com os chamados para despertar e os preparativos para o dia. Abro os olhos; estou na caserna; sei que devo estar pronto, lavado, vestido, alimentado num espaço muito curto de tempo. Tenho dificuldades para chegar ao banheiro – muitas pessoas estão no meu caminho. Tento me barbear mas não consigo achar minha lâmina. Quero comer, mas estou atrasado e não sei aonde ir. Os chuveiros estão ocupados, os toaletes sujos – "nunca conseguirei", digo a mim mesmo. Na verdade, nunca tive estes problemas – eu era rápido e normalmente sobrava-me tempo para uma pequena leitura. Tampouco lembro de estar apreensivo – portanto, de onde vem toda esta comoção?

Sonho com frequência ter cometido traição ou assassinato. Muitas vezes me vejo com um saco contendo os restos desfigurados de minha vítima. Sei que meus dias estão contados – serei descoberto? Serei executado? Em alguns sonhos permaneço em liberdade – mas desesperado e condenado a um futuro sem esperança. Em outras ocasiões sou preso e levado ao patíbulo. "Desta vez não pode ser um sonho, desta vez é real", digo a mim mesmo – e acordo. Não acho que estes sonhos tenham algo a ver com a guerra – os assassinatos são assassinatos individuais e a traição é de um tipo indeterminado. Uma vez cheguei a me estrangular a mim mesmo, deitado numa cama diante de mim e então farejei o corpo morto em busca de sinais de putrefação.

Durante o período nazista prestei pouca atenção à discussão geral sobre os judeus, comunismo, a ameaça bolchevique; não aceitei aquilo, tampouco me opus; as palavras vinham e iam, aparentemente sem efeito. Anos mais tarde tive muitos amigos judeus, nos Estados Unidos, na Inglaterra, no continente europeu; na verdade, quase todos os amigos que fiz em minha profissão são judeus, de acordo com a definição nazista. Quando eu descobria, quase sempre por acidente, sentia que algo muito especial estava acontecendo. "Ele é judeu – e ele é um bom amigo meu" – era como provar do fruto proibido. A sensação permaneceu por alguns anos – agora já não existe. De certa forma lamento isto. Sentir diferentemente em relação a diferentes rostos, grupos, comunidades parece ser mais humano do que um humanitarismo que nivela todas as idiossincrasias (individuais e de grupo).

5 Apolda e Weimar

Uma ambulância levou-me ao hospital de campanha. Fui despido e posto numa mesa de operação. Minhas pernas estavam em perfeita ordem – nem um arranhão nelas. "Foi uma bala", disseram os médicos e mostraram-me onde ela havia entrado; um minúsculo buraco no lado direito, na região lombar. "Você está paralisado", prosseguiram, "temos que abri-lo para ver se há outras lesões". Fizeram um longo corte de 10 cm em minha barriga, do umbigo para baixo, procuraram um pouco, costuraram-me de novo e me puseram num trem. Eu sentia uma dor difusa e tinha dificuldade para respirar. Os oficiais que haviam me deixado no *front* passaram com um ar satisfeito no rosto e pequenos curativos no corpo. Estavam todos lá, o primeiro tenente, o capitão, o major. "O que houve com você?", perguntaram – e não foram vistos novamente. Passei alguns dias num hospital em Karlsbad. Dormia a maior parte do tempo. Uma vez, à noite, acordei e vi um lindo rosto debruçado sobre mim: "Quer um pouco de chá?", perguntou a aparição. "Fique comigo", repliquei e caí novamente no sono. Um outro trem e finalmente o hospital central em Weimar.

Recuperei-me logo mas fiquei paralítico da cintura para baixo. Não fiquei muito preocupado. Cheguei mesmo a ficar alarmado quando um dos meus dedos do pé começou a mover-se; "agora não, por favor", eu disse; "não dá para esperar até o fim da guerra?" Não me incomodava ser um aleijado – estava contente, conversava com meus vizinhos de leito, lia romances, poemas, ensaios de todos os tipos. Schopenhauer foi um golpe; sua descrição das pessoas que se entopem inadvertidamente de leituras me servia sob medida. O rádio trouxe um programa sobre a famosa transmissão de Orson Welles e suas consequências. Pessoas tolas como estas, disse o comentador, não podem ameaçar a Alemanha. À noite ouvíamos os bombardeios a caminho de seus alvos. Era uma sensação desagradável. Eles estavam bem sobre nossas cabeças – lançariam suas bombas? Deixariam-nos em paz? Então a própria Weimar foi atacada. Os encarregados transportaram os pacientes para o porão e, mais tarde, para os esgotos. Meu vizinho de leito e eu decidimos ficar. Nossa coragem esmaeceu quando a moldura da janela aterrissou em nossas cabeças. Não podíamos nos mover, precisávamos de ajuda e começamos a gritar. Levou um bom tempo até sermos descobertos e levados. Ficamos nos esgotos por quase uma semana; lá havia pouca comida, nenhuma luz e água por toda parte. No meio da confusão, porém, a bibliotecária-chefe, uma mulher determinada com uma expressão dura e voz suave, começou a recolher seus livros. Finalmente alguns de nós foram transferidos para Apolda, uma cidadezinha perto de Weimar.

Foi ali que soube da rendição da Alemanha. Sentei-me numa cadeira de rodas, do lado de fora, no jardim. Estava aliviado, mas sentia também uma sensação de perda. Eu não aceitara as metas do nazismo – mal sabia quais eram – e era muito avesso a ser leal a alguma coisa. Tampouco me senti traído ou usado, como se sentiram muitos veteranos vienenses. Depois de algumas semanas no hospital, o passado tinha quase desaparecido. Lembrava-me de alguns dos eventos mais dramáticos, mas tinha dificuldade em acreditar que participara deles. De onde vinha então aquela sensação de perda? Não sei. O que sei é que grandes esperanças, esforços mal dirigidos, sacrifícios imensos passaram logo a ser vistos com ódio e desprezo. Mas não seriam o ódio, o desprezo e o desejo de justiça a atitude correta em relação a ideias e ações que causaram e prolongaram uma guerra atroz e levaram ao assassinato de milhões de pessoas inocentes? Claro que sim – mas o problema é que a distribuição de Bem e Mal não é fácil de se ter em conta, ao menos não para mim. Compaixão, altruísmo, amor podem ser encontrados no próprio cerne do mal. Não entendo por que isto deve ser assim, apenas estou certo do fato. Mas se é desta maneira que o mundo é feito, então uma clara visão moral implica simplificações e, com elas, atos de crueldade e injustiça.

Aos poucos comecei a mover-me. Primeiro numa cadeira de rodas. Naquela época as cadeiras de rodas tinham três rodas, uma na frente, as outras duas por trás do assento, eram impulsionadas por alavancas e podiam desenvolver grande velocidade. Os pedestres ficavam aterrorizados quando eu me aproximava. Vieram então as muletas. Eu as punha à minha frente, apoiava-me nelas e arrastava o corpo. Devo ter sido muito forte, pois ia ao cinema, teatro e saía com as enfermeiras residentes.

Tive também meu primeiro caso amoroso de verdade. Eu já tinha abraçado garotas antes, e mesmo beijado-as; mas nunca tinha feito amor, nem antes da guerra, quando vivia enterrado em livros, e nem como soldado, quando usava meu tempo livre para descansar ou, novamente, para ler. Eu tinha apenas a mais vaga ideia da geografia por trás de um vestido ou de um sutiã – aos 21 anos eu ainda era virgem, e dos mais ignorantes. (No colégio, eu acreditava que olhar uma garota com muita admiração podia deixá-la grávida.) A grande literatura veio em minha ajuda: li *Rougon-Macquart*, de Zola. Lá há uma cena de sedução; a mulher senta-se sobre um monte de feno, o homem fica em frente dela. Ele se ajoelha e sobe as mãos pelas coxas dela. Ela fica excitada. Bem, disse eu; vamos ver se isto é verdade. No encontro seguinte com minha enfermeira predileta fomos ao parque local, sentamo-nos num banco, conversamos e beijamo-nos como já havíamos feito antes. Lentamente subi minha mão pela sua coxa e, de fato, ela ficou excitada. Aquilo não foi calculado como soa agora. O que eu tinha lido deixou rapidamente de ser informação e tornou-se hábito. Cerca de seis meses mais tarde, quando eu ainda vivia em Weimar, Rosemarie veio me visitar. Conversamos e finalmente fomos para a cama – outra primeira vez. Fiquei embaraçado. Continuei a ler uma revista cultural e falava sem parar sobre as três críticas de Kant. Rosemarie despiu-se, pôs-se em pé e ficou diante de mim. Finalmente as partes do quebra-cabeça se uniram num surpreendente todo: então era assim que era uma mulher! Desnecessário dizer que eu não estava em posição de fazer o que se espera que um homem faça nestas circunstâncias. Logo dei-me conta de que nunca estaria; a bala que me tirara da guerra havia me tornado impotente. Eu estava saudável e móvel – mas sem uma ocupação. Procurei o prefeito de Apolda, um operário antifascista que acabara de voltar da Rússia. Expliquei minha situação e pedi um trabalho – pago, não pago, tanto fazia. Lembrando agora fico pasmado com minha atitude e com a reação do prefeito. Afinal, eu era um ex-oficial do governo que o expulsara. Ele não mostrou, porém, nem surpresa nem ódio; nem sequer perguntou se eu havia sido membro do partido nazista – simplesmente me deu um escritório, uma secretária e me lotou na seção de educação. Eu cuidava dos espetáculos. Escrevia discursos, diálogos, roteiros para diversas ocasiões, ensaiava-os e supervisionava suas apresentações. Escrevi também uma peça com pequenos papéis para as crianças do jardim da infância local e papéis maiores para artistas do Nationaltheater de Weimar, mas adoeci durante os ensaios e tive que voltar para a cama. Eu poderia ter me tornado um bom e talvez um grande diretor – eu gostava do que fazia e era demasiado ignorante para ter escrúpulos ou medo.

Quando me recuperei, fui para a academia musical em Weimar para continuar meus estudos. Fiz uma audição com Maxim Vallentin, com Josef Maria Hauschild e, depois disso, com todo o elenco. Maxim Valentin, ex-diretor do teatro alemão em Moscou, era um dos principais representantes do método Stanislawski. Hauschild era um conhecido cantor de *Liede*, um pouco presunçoso ("Posso cantar todo o *Winterreise* sem intervalo"), mas gentil e cheio de tato. Fui aceito, obtive uma bolsa de estudos, vales para comida (categoria *Schwerarbeiter* – trabalhador pesado) e comecei com meu "trabalho pesado". Eu ainda morava no hospital em Apolda e viajava para Weimar de trem. Para dar conta da despesa vendi meus relógios do exército para soldados russos – em três etapas: primeiro, algum dinheiro e um relógio de menor valor; depois, mais dinheiro e um relógio de valor ainda menor. Finalmente, um *show* público para conseguir um bom preço pelo último relógio: esfreguei-o com gordura, submergi-o na água, mostrei que ainda funcionava e aceitei a maior oferta. Resultado total: dois mil marcos – uma soma considerável na época. Depois de cerca de três meses mudei-me para Weimar. Encontrei um porão onde um vendedor pusera uma cama de metal entre fornos e fornalhas abandonados. Era uma grande sala fria com uma única lâmpada pendurada no fio, água escorrendo pelas paredes, uma janelinha mostrando os pés dos pedestres que passavam e aranhas e baratas para me fazer companhia. Lá eu dormia, lia (Kierkegaard, a história do teatro de Devrient, Thomas Mann, cujo *José no Egito* acabara de sair), tomava notas e recebia visitas. Também descobri uma maneira de assistir a ensaios e apresentações no Nationaltheater. Eu entrava por uma entrada lateral, atravessava um corredor reservado aos atores e sentava na área reservada ao Comandante Soviético da Cidade. Ninguém me repreendia, nem mesmo o próprio general que ocasionalmente aparecia com seus auxiliares.

Eu assistia a dramas (lembro-me de *Maria Magdalena* de Hebbel), óperas, balés e ouvia concertos. *Fidélio* desapontou-me. Muita gritaria; muita gesticulação; muitas Pessoas Boas. "Isto não me surpreende", disse Rosemarie; "você esteve na guerra. Mas espere um pouco que seu amor pelo palco voltará". Esta era a época em que artistas conhecidos apareciam em lugares inesperados. Peter Anders deu um recital, Heinrich Kraayvanger, um tenor da Ópera Estatal de Viena, cantou no *Pagliacci*, no *País do sorriso* e num concerto. "Ele vai gritar como um porco", eu disse a Rosemarie que me acompanhava; "nenhuma *finesse*". Rosemarie passou a primeira parte do concerto encostada numa parede. "Quero formar minha própria opinião", disse ela. Ao voltar, ela concordou comigo. Depois do concerto, perguntei a Kraayvanger sobre sua técnica. "É muito difícil", disse ele. "Há trinta e cinco músculos que devem ser considerados..." Weimar tinha excelentes cantores locais, Rudolf Lustig, nascido em Viena, e que mais tarde foi a Berlim, Viena, Bayreuth, e Karl Paul, um poderoso barítono mas ator indiferente entre eles. Herman Abendroth conduzia a orquestra filarmônica. Ouvi a *Quinta* de Tchaikovsky – meu banho de emoção preferido naquele período –, vi *Don Pasquale* em Apolda com uma vivaz Norina e Paul como o Dr. Malatesta e *Don Giovani* em Erfurt com Karl Schmitt-Walter no papel título – uma apresentação de tirar o fôlego. Rosemarie e eu frequentemente líamos poemas um para o outro – baladas, poemas de amor, coisas metafísicas. Os *Galgenlieder* de Morgenstern eram nossos favoritos. Jovens poetas procuravam-me para que eu os avaliasse – não tenho ideia por quê. Na escola fiz cursos de italiano, harmonia, piano, canto, entonação. A harmonia por algum motivo incluía escalas e intervalos de canto. Como não conseguia ler música, fingia estar rouco, mas acabei me afastando de todo. Hauschild concentrava-se em *lieder*, principalmente *pianissimo*, principalmente Schubert.

Maxim Vallentin supervisionava os recitais e procurava reformar os teatros das redondezas. Nós, Vallentin e vários estudantes do instituto tomávamos um trem para um dos muitos teatros da Alemanha Oriental, comprávamos ingressos e assistíamos ao que estava em cartaz. Depois da apresentação, um de nós – poderia ser um estudante, ou o próprio Vallentin – levantava-se e pedia ao público que criticasse o que tinha visto. Muitas pessoas ficavam, creio que por curiosidade, pois esta era uma experiência nova. Ficavam – mas não falavam. Esperávamos por isto e estávamos preparados. Um outro estudante levantava-se e fazia uma observação deliberadamente confusa. Então um outro se manifestava, desta vez mais clara e diretamente. Ouvindo ideias expressas de uma forma não restrita, pessoas que nunca haviam falado em público tornavam-se grandes oradores. Algumas chegavam mesmo a querer seu dinheiro de volta, especialmente em Erfurt, onde vimos um *Fausto* hilariante. Associei-me ao Kulturbund zur Demokratischen Erneuerung Deutschlands [Associação Cultural para a Reforma Democrática da Alemanha] – a única associação (*Verein*) a que cheguei a pertencer – e participava das reuniões. Parece que eu levava uma vida plena. Porém eu estava insatisfeito. Como de hábito, não analisei a situação mas decidi mudar.

Dois dias antes de minha partida, fui a uma gigantesca discussão sobre drama moderno (isto é, antifascista). Vallentin estava lá, bem como Gerhard Eisler, irmão de Hans Eisler, o compositor e alto funcionário do governo da Alemanha Oriental; havia dramaturgos, atores, produtores e estudantes da escola. Depois de ficar cerca de uma hora escutando *slogans* entediantes e comentários pueris, levantei-me e fiz um discurso. Não sou um hábil debatedor e grandes audiências me intimidam – mas eu estava muito excitado para permanecer em silêncio. Existem atualmente muitas peças antifascistas, eu disse – elas brotam como cogumelos depois de uma chuva de verão. Infelizmente, sua qualidade é muito baixa. Além disso, não há quase diferença entre elas e as peças anteriores de inspiração nazista. Em ambos os casos temos Heróis, Vilões e Indivíduos Indecisos. Em ambos os casos o Vilão trai o Herói – o que leva a perseguições na tradição polícia-e-ladrões. Em ambos os casos o Indivíduo Indeciso (quase sempre um homem) sai em busca de sua alma e finalmente vê a Luz – geralmente com a ajuda de uma já iluminada Boa Mulher. Há uma pequena diferença – as árias principais mencionam Marx e Lenin aqui, Hitler ali. Mas não é absurdo basear a luta entre bem e mal em meros nomes e não é um tanto obsceno usar a mesma forma, e até o mesmo tipo de história para descrevê-la? Muitas pessoas pareceram concordar; Vallentin ficou intrigado, mas não houve tempo de continuar com o debate. No dia seguinte fui aos ensaios dos *Contos de Hoffmann* com Rudolf Lustig no papel título. Os atores estavam meio vestidos com as roupas da peça, meio com roupas comuns. Eu não conhecia o enredo e confundi a peça com acidentes no ensaio; foi uma estranha experiência que ficou comigo por anos. Na manhã seguinte, deixei Weimar e iniciei minha volta a Viena.

A primeira parada era Munique. Fui à ópera (*Franco caçador,* com Ferdinand Frantz como Kaspar, e a *Tosca,* com Georg Hann como um Scarpia muito rudimentar), comprei alimentos no mercado negro, dei uma olhada ao redor e tomei um trem expresso para Freilassing, a cidade de fronteira. Ali fui detido pela polícia fronteiriça americana. Eles tinham sólidas razões; minha identificação (um certificado de alta do hospital em Apolda) era uma cópia e tinha a aparência suspeita de uma falsificação. Fiquei preso com uma prostituta e um ex-general. Depois de três dias, fui interrogado por um soldado americano e um bávaro que falava um inglês fragmentário – um indivíduo pegajoso, disposto a usar a confusão para adquirir uma posição importante. Fui libertado com o conselho de voltar a Munique e cruzar a fronteira num transporte coletivo. Alguns dias depois eu estava diante de nosso prédio em Viena: Décimo quinto distrito, Alliogasse 14. A porteira me viu primeiro.

"*Jessasmariaundjosef!*" ("Jesus, Maria e José!"), exclamou ela. Arrastando-me sobre as duas muletas ("absolutamente incapaz para o trabalho", lia-se em meus papéis de dispensa), eu era de fato uma visão. Subi os três andares (não tínhamos elevador), aproximei-me do apartamento e toquei a campainha. Meu pai abriu. Abraçamo--nos. Eu estava em casa novamente.

6 Universidade e primeiras viagens

Meu pai tinha estado sozinho desde a morte de mamãe. Sobrevivera a bombardeios e permanecera por semanas sem luz, aquecimento e alimentação apropriada. Para economizar dinheiro e material, ele dormia sobre cobertores em vez de lençóis e vestia só a parte da frente de camisas velhas, até que elas ficassem num estado muito deplorável para serem vistas em público. Como ex--membro do partido nazista, tinha que se registrar com as autoridades. Ele temia que pudesse ser despedido de seu emprego, perdendo a pensão.

Eu estava vagamente consciente destes problemas, mas não realmente interessado. Só muito mais tarde me dei conta de como meu pai tinha estado solitário. Contudo ele nunca reclamava; tentou ajudar-me o quanto podia, com dinheiro, conselhos, apoio moral. Ele também cuidava da casa. Uma vez por semana, jogávamos todos os comestíveis que pudéssemos encontrar em casa no grande recipiente de alumínio que mamãe usava para lavar nossa roupa suja, acrescentávamos água, sal, temperos e fazíamos uma sopa. Todos os dias tirávamos um pouco e esquentávamos. Era nossa única refeição. Não tínhamos lenha nem carvão. A temperatura do apartamento durante os invernos de 1946 e 1947 era de 5 a 8 graus. Eu passava a maior parte do tempo na cama, lendo e revisando notas de leitura; ou sentava-me à mesa, bebia água quente e cobria-me com cobertores. Os acontecimentos não me perturbavam, contudo, tanto como atualmente. Meu caderno de notas tem duas anotações especiais. A primeira, datada de 18 de novembro de 1946, diz que fui examinado pela comissão de ética (*Ehrenkommission*) da faculdade e admitido sem precondições. Foi fácil. Eu não havia ingressado no partido e não me envolvera em atividades criminosas. O mérito não é meu, simplesmente não aconteceu. Não sei o que teria feito se me tivessem pedido para me tornar um *Parteigenosse* ou ordenassem que eu matasse civis. O segundo item, datado de 28 de janeiro de 1949, diz: "Para compensação dos participantes da guerra há uma isenção de dois semestres: a dissertação pode ser entregue no final do sexto semestre". Obtive também uma pensão mensal (ainda a tenho). Aquilo me deixou intrigado. Perdemos a guerra, eu disse a mim mesmo; como consegui todos estes privilégios? De qualquer modo, eu era agora um estudante. Eu era entre três e cinco anos mais velho que os demais, além de aleijado. Isto parecia não importar. Eu era tratado como se tivesse 18 anos e estivesse em plena forma.

Meu plano original era estudar física, matemática, astronomia e continuar com meu canto. Ao invés disto, escolhi história e sociologia. A física, eu parecia pensar (embora meus pensamentos não estivessem bem articulados), tem pouco a ver com a vida real – a história tem; a história me fará compreender o que aconteceu. Não foi o caso. Pivec, que ensinava história da Idade Média, começava com estatísticas, a estrutura do sistema feudal, o papel dos servos, o tamanho das propriedades individuais e assim por diante. Eu esperava por incidentes saborosos – eles nunca vieram. Lhotsky explicava como o Império Habsburgo tinha crescido, graças a casamentos e acidentes, de minúsculos inícios até suas monstruosas dimensões ulteriores. Santifaller, o diretor do famoso Instituto de Pesquisa Histórica Austríaca (Institut für Österreichische Geschichtsforschung) e perito na análise de documentos descrevia a política da monarquia austro-húngara no fim do século XIX. Tive a sorte de ouvir os historiadores da arte Demus e Svoboda. Foi Svoboda que me tornou consciente de Cimabue, Giotto e da transição ao realismo pictórico. Isto permaneceu adormecido por mais de trinta anos; li então a literatura, visitei os principais lugares e dei conferências sobre o tema. Hoje, Giotto, com sua estilização determinada dos eventos, é um de meus artistas favoritos. Assim, minha excursão à história não foi um desperdício total. Na época, contudo, eu estava insatisfeito e ansioso por voltar à ciência. Solicitei ao reitor, consegui uma transferência e finalmente assisti à minha primeira aula de física.

Em 1947, Viena tinha três físicos bem conhecidos: Thirring, Przibram e Ehrenhaft. Thirring dava as aulas tradicionais de física teórica – mecânica, termodinâmica, óptica; tudo, em suma. Ele havia calculado as consequências relativísticas da rotação de uma superfície curva dotada de massa – o famoso efeito Thirring-Lense. Esquiava bem e era um inventor com numerosas patentes em seu nome. Ele tinha sido despedido em 1938 por causa de sua influência "corrosiva" sobre a "prontidão militar da nação", de sua oposição ao fascismo e de sua amizade com Einstein e Freud. Ao retornar, anunciou um curso sobre os fundamentos psicológicos e éticos da paz mundial. "Isto é importante", disse, "não a física". Muitos dos alunos pensavam de outra maneira. Eles lotavam as aulas de física de Thirring – que era um excelente professor –, mas o Auditorium Maximum onde Thirring lecionava sobre a paz ficava praticamente vazio. Mais tarde, como membro do parlamento, Thirring desenvolveu um plano para o desarmamento da Áustria. O país aboliria seu exército e força aérea e seus vizinhos retirariam suas unidades para uma determinada distância das fronteiras austríacas, e o arranjo seria garantido pelas Nações Unidas e pelas principais potências do pós-guerra. Era um plano razoável, mas loucura aos olhos dos políticos e patriotas, para quem um país sem aviões, armas, soldados e fanfarra militar para dignatários visitantes era uma não entidade. Thirring ocasionalmente vinha a palestras que eu dava enquanto ainda estudante; eu o visitei quando em férias na Califórnia e encontrei-o novamente durante sua viagem pelos Estados Unidos. Eu o admirava – mas só agora percebo que pessoa única ele realmente era. Empenhava-se muito seriamente, mas nunca perdia o senso de humor. Via as tendências que combatia como provas da loucura humana, não do mal encarnado. Ele era um paradoxo raro – um cético comprometido com a paz e a humanidade. Que diferença dos apóstolos do humanitarismo com que nos deparamos hoje: gente de expressão turva, presa de má-consciência, rangendo os dentes e cuspindo frases feitas!

Przibram e Ehrenhaft dirigiam os laboratórios. Karl Przibram, um ex-aluno de J. J. Thomson (e editor do conhecido *Briefe zur Wellenmechanik*), era um senhor tranquilo e elegante que escrevia equações minúsculas no quadro-negro. Ele se confundia facilmente – sobretudo quando os sons da aula de Ehrenhaft interferiam em seu ensino. Era o primeiro semestre da volta de Ehrenhaft a Viena. Histórias estranhas o precederam. Ele havia se oposto a Millikan quanto à carga do elétron e perdera (a história da batalha é contada por Jerry Holton no volume 9 dos *Historical Studies in the Physical Sciences*). Ele descobrira a magnetólise (o fenômeno pelo qual um forte campo magnético separa os componentes da água) e monopólios magnéticos de dimensões mesoscópicas, e afirmava que a via inercial era em hélice e não em linha reta – e assim por diante. Suas concepções teóricas eram semelhantes às de Lenard e Stark, os principais proponentes de uma "física alemã", que ele frequentemente mencionava com aprovação. Muitos cientistas o viam como um charlatão e nós, os estudantes de física e matemática, pretendíamos desmascará-lo.

Entretanto, foi ele quem nos pôs na berlinda. Realizou suas experiências, que eram simples e imediatas, fez algumas observações sarcásticas sobre "aqueles teóricos", voltou-se para nós e gritou: "Vocês são mudos? São estúpidos? Não têm nada a dizer?". Ele usou quase as mesmas palavras ao se dirigir a Rosenfeld, Pryce e Walter Thirring (o filho de Hans Thirring, também um físico teórico) depois de uma aula na universidade de verão em Alpbach. Circulavam muitas anedotas sobre sua ousadia; mencionarei três delas.

Ehrenhaft encomendou equipamento caro da Philips na Holanda. Após algumas semanas, a Philips perguntou: "Você recebeu o nosso equipamento?" "Sim", respondeu Eherenhaft, "e ele é de excelente qualidade". A carta seguinte era um pouco mais direta; ela exigia pagamento. Ehrenhaft não se fez de rogado. "Eu, Ehrenhaft, certifico que o equipamento é de excelente qualidade. Que este certificado vale muito mais do que a soma que vocês mencionam em sua fatura; na verdade vocês é que deveriam me pagar." Segunda história: Ehrenhaft estava insatisfeito com a situação em seu instituto. Ele procurou o ministro da ciência sem ter pedido audiência. O secretário tentou detê-lo: "O ministro está em reunião", disse o secretário. "Que tipo de reunião?" "Uma reunião com educadores estrangeiros." "Isto vem a calhar", respondeu Ehrenhaft passando pelo secretário e encaminhando-se ao ministro, a quem disse: "Ou consigo o que quero ou conto a estes senhores como as coisas estão sendo conduzidas na Áustria?". Ehrenhaft conseguiu o que queria. A terceira história é verdadeira e eu a testemunhei. Em 1949, Ehrenhaft veio à escola de verão de Alpbach. Ele organizou seus experimentos e convidou todo mundo que pôde para assisti-los. No dia anterior à sua conferência, ele elaborou uma bela peça de propaganda. Erguendo-se ao final de uma conferência de difícil compreensão dada por von Hayek, ele disse com admiração e respeito na voz: "Caro professor von Hayek – esta foi uma conferência linda, maravilhosa, muito erudita e eu o respeito por ela. Não entendi uma só palavra". Ainda posso vê-lo diante de mim, aquele homem imenso, os olhos bem abertos, as mãos estendidas num gesto que exprimia seu desconcerto, a expressão completamente inocente no rosto. No dia seguinte ele teve uma audiência que transbordava da sala.

Ehrenhaft conseguiu convencer alguém? Ele certamente não convenceu os teóricos (embora Dirac quisesse informações sobre a força de seus polos magnéticos). Thirring sênior viu problemas, mas para os outros os fenômenos que Ehrenhaft produzia em tal abundância eram simplesmente um *Dreckeffekt* – um resultado de distúrbios ainda desconhecidos. Uma cortina de ferro formada por uma firme crença na excelência das equações de Maxwell etc., etc. mantinha a física protegida de Ehrenhaft – uma cortina de ferro exatamente do mesmo tipo da que protegera os oponentes de Galileu. Para penetrar a cortina, organizamos um seminário especial no qual tentamos explicar os fenômenos de Ehrenhaft pela teoria ortodoxa. Não conseguimos. Tampouco nos convertemos – nós simplesmente acreditávamos que uma abordagem melhor e mais sofisticada daria conta do recado. Ao mesmo tempo, permanecíamos empiristas obstinados. Nem um de nós jamais teve dúvidas de que a ciência tinha que se adaptar aos fatos. Mais tarde, esta atitude – que eu compartilhava – tornou claro para mim que a atividade cotidiana da pesquisa científica, ou a "ciência normal" como Kuhn chamaria o processo, não poderia existir sem a introdução de uma cisão deste tipo na própria consciência.

No semestre seguinte, estenografei as aulas de Ehrenhaft, discuti o texto com ele e vendi cópias aos estudantes. Elas são o único registro das ideias de Ehrenhaft por volta de 1947.

Duas vezes por semana eu ia ao observatório assistir aos seminários sobre radioastronomia, técnicas de observação e teoria da perturbação. Logo descobri que os astrônomos não têm ideia da cosmologia teórica, um assunto que me interessava. Para instruí-los, Erich Jantsch (que mais tarde tornou-se um guru da auto-organização) e eu demos uma série de conferências especiais (eu usava artigos da enciclopédia de Heckmann como texto básico). Kasimir Graff, então diretor do observatório e um notável astrônomo de prática observativa, balançava a cabeça pasmado conforme empilhávamos fórmula sobre fórmula sem mencionar um só fato.

Na cidade eu ouvia Radon (análise de tensores), Hlavka (álgebra), Hofreiter (equações diferenciais), Sexl (física nuclear), Prey (astronomia esférica). Radon era uma autoridade internacionalmente reconhecida. Ele era também muito nervoso. Uma vez precisou de dois quadros-negros para derivar 0=0. "*Das ist richtig*", disse ele com tristeza na voz; "*aber es hilft uns nicht weiter*": "isto está certo mas não ajuda a avançar". Hlavka dava suas aulas com base em anotações feitas no verso de bilhetes de ônibus – causava sempre alguma impressão. Muitas mulheres assistiam às aulas. Isto não surpreendia nem a nós nem aos professores. Alguns dos alunos mais fracos e mais preguiçosos pediam ajuda às suas colegas sem sentir danos em sua masculinidade. Todos nós, homens e mulheres, éramos "cientistas", e deste modo muito superiores aos estudantes de história, sociologia, literatura e outras coisas irrelevantes.

Depois das aulas – às vezes mesmo entre as aulas –, eu dava uma olhada na vida cultural da cidade. Assistia a discussões sobre política, arte moderna, a existência de Deus, as implicações teológicas da ciência moderna. Eu tinha aulas de interpretação, havia retomado minhas aulas de canto e ia a concertos, à ópera e ao teatro.

Vi Werner Krauss, o grande mago do teatro em *Elisabeth von England*, de Ferdinand Bruckner, em *Öffentlicher Ankläger*, de Fritz Hochwälder, em *Vor Sonnenuntergang*, de Hauptmann e – decepcionante – no papel de Wallenstein em *Hauptmann von Köpenick*, numa interpretação rotineira. Curd Jürgens e O. W. Fischer ainda estavam no Burgtheater. Jürgens era um excelente ator, mas um fracasso como Kowalski. Lembro-me de quando fui ouvir a Oitava Sinfonia de Bruckner. Tive que ficar em pé durante o concerto – embora ainda de muletas sequer cheguei a sentir a caminhada de duas horas até minha casa, depois do espetáculo. Quando Pabst voltou, interpretei um pequeno papel em um de seus filmes, com Ernst Deutsch no papel principal. Eu defendia obras de arte modernas escrevendo aos editores das publicações e, pessoalmente, contra críticos que demonstravam sua raiva nas próprias exibições. Todas as terças-feiras às sete horas da manhã eu comparecia a um seminário teológico atrás da igreja de São Pedro para convencer o padre Otto Mauer da futilidade de seus esforços. Acreditar em Deus era uma coisa, eu dizia. Mas tentar provar Sua existência era uma empreitada destinada ao fracasso – a ideia de um Ser divino simplesmente não tinha fundamento científico. Esta, incidentalmente, era minha linha em todas as intervenções: a ciência é a base do conhecimento, a ciência é empírica, empreendimentos não empíricos são ou lógicos ou sem sentido. Com um pequeno grupo de estudantes de ciência eu invadia aulas e seminários de filosofia. Estávamos impressionados com Aloys Dempf, um orador tonitruante e notável acadêmico na área de filosofia medieval. Por um tempo pude recitar todas as principais definições latinas dos termos aristotélicos. Roretz parecia um sujeito correto, e com ele eu discutia os *Prolegômenos* de Kant. Expus a versão da semântica de Carnap num encontro especial de sociologia, com Knoll presidindo a mesa e Hans Weigel na audiência, e dei uma explicação inteiramente determinista do comportamento animal no seminário de Kraft: por que um pássaro começa a voar num determinado momento? Porque o ar circundante, a luz etc. fornecem as condições iniciais necessárias. Eu estava absolutamente seguro de que nenhuma outra explicação fazia sentido. (Lembrar daquela convicção me possibilita hoje um *insight* do poder dos sistemas metafísicos.) Muitos anos depois vim a conhecer o *background* das pessoas que eu criticava e comecei a apreciar suas qualidades humanas. Monsenhor Mauer, por exemplo, era um teólogo de primeira linha; ele representava uma atitude que tornou-se explícita com o Concílio Vaticano II e combateu valorosamente, embora sem sucesso, o retorno das tendências dogmáticas. Interessava-se pela arte moderna e tentou incorporá-la à liturgia. Tinha um brilho malicioso nos olhos e às vezes assemelhava-se um tanto ao diabo. Era um tipo bastante singular e eu poderia ter aprendido muito com ele se fosse um pouco menos autocentrado. Gostaria de falar com ele agora, mas ele morreu em 1973.

A impressão que permanece é a de que eu "estava em todo lugar onde aconteciam coisas interessantes, provocando as pessoas", como Alan Janik, um estudioso das coisas vienenses do século XX, me escreveu numa carta (fevereiro de 93). Alguns filósofos prefeririam permanecer imperturbáveis. Heintel, por exemplo, simplesmente me pôs para fora. De todo modo, fiquei conhecido de várias organizações e fui abordado por algumas delas.

Comecei com a Österreichisches College, a Sociedade do Colégio Austríaco, fundada em 1945 por Otto Molden, Fritz Molden (que casou-se mais tarde com a filha de Alan Dulles, chefe da CIA) e outros membros da resistência austríaca. Em seu livro, *Der Andere Zauberberg* [*A outra Montanha Mágica*, Viena, 1981], Otto Molden descreve as ideias e os eventos que levaram à primeira escola de verão em Alpbach, uma pequena aldeia perto de Brixlegg no Tirol. Alpbach logo tornou-se um centro internacional de intercâmbio intelectual, artístico, econômico e político. No almoço, um estudante poderia se descobrir sentado ao lado de Lise Meitner, Bruno Kreisky ou Dirac; ele poderia deparar com Arthur Koestler, Anneliese Maier ou Ernst Krenek; ou poderia pegar sua namorada flertando com Etienne Decroux (o que aconteceu comigo). Visitei Alpbach por cerca de 15 vezes, primeiro como estudante, depois como professor e, finalmente, três vezes como diretor de um seminário.

Havia quatro tipos de eventos: seminários, conferências plenárias, simpósios e apresentações (danças, peças, recitais de piano e canto etc.). Os seminários eram marcados entre as 9 e 12 horas em diversas salas ou em locações fora da aldeia. Os filósofos, por exemplo, reuniam-se sob uma grande árvore na encosta de uma colina, logo chamada a árvore do conhecimento. Sessões plenárias com conferências e discussão pública ocorriam à tarde, eventos artísticos (seguidos de festas, bailes etc.), à noite. Pessoas que se tornaram famosas mais tarde surgiam do nada, ficavam por uns dias e partiam novamente. Uma delas era o cantor Waldemar Kmentt, mais tarde Kammersaenger Kmentt. Helmut Qualtinger circulava entre as mesas onde nos reuníamos depois do jantar. Alguém o convidava, pedia-lhe que sentasse, pedia um vinho e logo Qualtinger estava interpretando enfaticamente. Ele tornou-se realmente um grande ator. De vez em quando organizávamos um cabaré. Muitos casos amorosos floresceram e murcharam sob o luar de Alpbach.

Em 1948, Maria Blach, mais tarde Maria von Pronay, secretária da sociedade e minha amiga, pediu-me para registrar as discussões principais; em troca, a sociedade me pagaria estada e transporte. Como eu era um bom estenógrafo, aceitei. Foi o passo mais decisivo que dei em minha vida. Não estaria onde estou hoje, com as pensões que tenho, a ambígua reputação que pareço possuir e a mulher linda e gentil que optou por tornar-se minha esposa, se eu não tivesse aceito a oferta de Maria.

Minha primeira visita foi em agosto de 1948. Mal podia esperar pelo início das atividades. Impaciente, ouvi a banda de metais e os discursos políticos inaugurais. Seguiu-se um pouco de relações públicas: vinte professores explicaram o que iam fazer em seus seminários. Eu estava curioso sobre Popper, que ensinava filosofia. Eu havia percorrido sua *Lógica da descoberta* e formado uma imagem: ele deveria ser alto, magro, sério, com um jeito lento e deliberado de falar. Era o oposto. Andando de um lado para o outro diante dos participantes, ele dizia: "Se por filósofo vocês entendem um daqueles senhores que ocupam cadeiras de filosofia na Alemanha – então certamente não sou um filósofo". Os professores alemães – e lá havia muitos deles – não acharam graça. Nós, estudantes, contudo, achamos sua fala estimulante.

Durante a primeira sessão plenária quase caí da cadeira; tantos disparates, tantos equívocos! Será que aqueles doutos senhores não sabiam nada? Tomei notas para a discussão pois queria apertá-los.

Finalmente as conferências terminaram. Levantei a mão. O diretor escolheu uma Pessoa Eminente e a Pessoa Eminente falou. Ele escolheu uma outra Pessoa Eminente e esta outra Pessoa Eminente também falou um bocado, sem dizer nada. Finalmente chegou minha vez. Levantei-me e manquei até a frente do salão – era onde deveriam ser feitos os comentários. Quando cheguei lá já tinha esquecido tudo. Não importava. A excitação e um sentido de missão me impulsionavam. Ernesto Grassi e Thure von Uexküll haviam discutido a verdade de um modo que, para mim, soara como um delírio inconsistente, e fiz que eles soubessem disso. Devo ter falado cerca de dez minutos. Quando a discussão terminou e eu saí ao sol, subitamente vi Popper ao meu lado. "Vamos dar uma volta", disse ele. Afastamo-nos da multidão e percorremos uma das diversas trilhas que saíam da aldeia rumo à floresta. Popper falava – sobre música, os perigos de Beethoven, o desastre wagneriano, ele criticou-me por ter mencionado os "interfenômenos" de Reichenbach (de seu livro sobre mecânica quântica) e ofereceu-me o tratamento familiar de "tu". À noite levou-me a um encontro reservado com Bertalanffy, Karl Rahner, von Hayek e outros dignatários: eu, um mero estudante e iniciante, tinha sido considerado digno de participar de seus sublimes debates! Não abri a boca. Uma coisa era falar diante de duzentas pessoas – era como uma representação teatral, intimidante, sim, mas controlável; outra coisa completamente diferente era responder a observações pessoais ou dirigir-se a um rosto que o examina. Ademais, sem uma multidão não havia adrenalina suficiente para me impulsionar.

Em seguida, fui abordado pelos comunistas. Naquela época, Hans Grümm, ainda um comunista, costumava ir a quase todos encontros, como eu. Ele agia como um caçador de talentos: indivíduos promissores eram apresentados aos principais intelectuais comunistas, na esperança de que vissem a grandeza da causa e aderissem ao partido. Hans e eu tínhamos muitas coisas em comum. Éramos contrários à religião e apoiávamos a ciência. Mas enquanto eu me baseava nos dados dos sentidos e na lógica (ou o que eu achava que fosse lógica), Hans defendia o realismo com a dialética como sua principal arma. Ele era mais velho do que eu e um debatedor experiente. Eu não me deixava impressionar. Eu já tinha ouvido argumentos realistas antes; no que me dizia respeito, eles eram todos circulares: você faz uma suposição contendo um cerne realista e então prova o realismo revelando o cerne. Walter Hollitscher levou dois anos para convencer-me de que a circularidade era prática, não viciosa, e que isto era uma vantagem, não uma desvantagem. Walter começou salientando que a pesquisa científica era conduzida em termos realistas. Repliquei que os cientistas, infelizmente, ainda não tinham se livrado de suas cascas metafísicas. Metafísicos ou não, dizia Walter – os cientistas têm resultados que são aceitos por todos, inclusive pelos positivistas, ao passo que, se adotassem uma linguagem antisséptica e uma lógica estrita, eles nunca chegariam a lugar nenhum. Isto me calou por um tempo – mas um resíduo de dúvida permaneceu.

Da física, Walter passava para a política, o que significava Marx e Lenin. Aqui eu resistia como uma mula teimosa. Jacqueline, minha esposa, e eu votamos nos comunistas em uma das primeiras eleições austríacas – mas isto era tudo. Não sei por que resistia. Eu não tinha convicções políticas e conhecia muito pouco de história e economia para dar substância às minhas objeções. Elitismo de juventude ("Marx é um propagandista, não um filósofo") e uma quase aversão a pensamento de grupo devem ter tido um papel nisto (certamente teve mais tarde quando conheci a Igreja Popperiana).

Por intermédio de Walter vim a conhecer Berthold Viertel, o diretor do Burgtheater, Hans Eisler, que me acompanhou na *cantata* de Schumann e em algumas de suas marchas, e Bertolt Brecht. Encontramos Brecht num ensaio de *Mãe coragem*, com Helene Weigel no papel título. Foi um estranho evento. Os atores aguardavam enquanto Brecht reclamava da cor de um vaso que quase não se via. Walter me disse que Brecht estava disposto a me aceitar como assistente (em Berlim). Disse que não, e fiquei em Viena. Cheguei a pensar (e dizê-lo por escrito) que este tinha sido o maior erro de minha vida. Hoje não estou tão seguro. Eu teria gostado de aprender mais sobre teatro, e de um homem tão extraordinário. Também teria gostado de ter alguma noção em formas de comunicação diferentes do ensaio científico. Entretanto, desconfio que teria detestado a pressão coletiva, em parte temerosa, em parte dedicada, mas de qualquer forma impositiva, do grupo intimamente unido que cercava Brecht.

Logo que conheci Walter, eu o via, como muitos outros, como uma fonte de ideias duvidosas. Violetta, sua esposa, acompanhou divertida minha mudança de uma máquina debatedora para a aparência de um ser humano. Mais tarde, quando vivia na Califórnia, visitava Walter sempre que vinha a Viena. Eu não sabia muita coisa sobre sua prática política. Ele me parecia seguir a linha do partido; mas arrumara problemas porque explicava e debatia temas "idealistas", tais como psicanálise e teoria da informação. Para os liberais convictos, Walter atravessara o limite da decência: um intelectual que se tornara um escravo do totalitarismo. Para mim, Violetta e ele eram amigos maravilhosos, agradáveis, humanos. Fiquei arrazado ao saber da morte deles; primeiro Violetta e então, apenas uma semana mais tarde, Walter. A última carta que Walter me escreveu, cerca de um ano antes de sua morte, é uma resposta a uma carta minha em que eu anunciava meu quarto casamento e nossa intenção de termos filhos. "Não achei que pudéssemos ser politicamente ativos e ter filhos", escreveu ele – "agora estou certo de que estávamos enganados e lamentamos isto."

Durante o ano, o Österreichisches College organizava cursos, simpósios e grupos de discussão. Nós, isto é, os estudantes de ciência que tinham começado a interferir em seminários e os estudantes de filosofia que se uniram a nós, queríamos estabelecer um grupo próprio. Eu seria o líder estudantil e Viktor Kraft o diretor acadêmico.

Kraft tinha sido membro do Círculo de Viena. Como Thirring, foi afastado quando a Áustria tornou-se parte da Alemanha. Era um professor não muito inspirado, mas um pensador astuto e meticuloso. Ele antecipara algumas ideias que mais tarde foram associadas com Popper. Deixei isto claro ao resenhar seu *Allgemeine Erkenntnislehre* para o *British Journal for the Philosophy of Science*. Popper não gostou, embora a versão original de sua *Lógica da descoberta científica* reconheça o débito. Kraft, contudo, agradeceu-me por minha "análise atenta" (ainda tenho sua carta). Ele conhecia a maioria de nós pelo seu seminário e manifestou o desejo de ter uma sistematização mais estável. Este foi o início do Círculo

Kraft, uma versão estudantil do velho Círculo de Viena. Arrumamos uma sala na Kolingasse, o quartel-general do Österreichisches College, onde nos reuníamos duas vezes por mês. Discutíamos então teorias científicas específicas; por exemplo, tivemos cinco reuniões sobre interpretações não einsteinianas das transformações de Lorentz. Nosso tópico principal era o problema da existência de um mundo exterior.

Vejo hoje que cometemos dois equívocos. Assumimos que discutir uma instituição significava discutir sua produção escrita. Mais especialmente assumimos que a ciência era um sistema de enunciados. Hoje isto parece uma ideia ligeiramente ridícula e o Círculo de Viena é responsabilizado por ela. Mas a ênfase sobre as escrituras é muito mais antiga. O judaísmo, o cristianismo e o islamismo são todos baseados em livros e em consequência disto a Natureza era tratada como um livro escrito numa linguagem especial e muito difícil. Também assumimos, ao menos inicialmente, que uma questão complicada envolvendo importantes revisões conceituais poderia ser resolvida por um só argumento hábil. Esta ideia ainda circula, embora sem a influência que já teve. Li os primeiros números da revista *Erkenntnis* e falei sobre eles numa série de conferências. Também fiz anotações resumindo as discussões e minha contribuição nelas.

Depois de alguns meses de polêmicas solitárias, começamos a convidar visitantes. Hollitscher defendeu o materialismo dialético; Juhos falou sobre a interpretação dos enunciados matemáticos; Elizabeth Anscombe tentou explicar Wittgenstein, embora sem muito sucesso. A filosofia deste, pensávamos, era um tipo particularmente sem inspiração, de psicologia infantil. Ouvindo nossa reação, Elizabeth sugeriu que eu procurasse Wittgenstein, que na época estava morando em Viena. Fui à sua residência familiar (*não* a casa na Kundmanngasse). O saguão de entrada era grande e escuro, com estátuas negras em nichos por todos os lugares. "O que deseja?", perguntou uma voz desencarnada. Expliquei que viera ver Herr Wittgenstein e convidá-lo para nosso círculo. Houve um longo silêncio. Então a voz – o porteiro, que falava de uma janela pequena e quase invisível no *lobby* – replicou: "Herr Wittgenstein foi comunicado, mas nada pode fazer por vocês".

Elizabeth, que parecia estar familiarizada com as peculiaridades de Wittgenstein, sugeriu que eu escrevesse uma carta – "mas não a faça muito subserviente". Escrevi, então, o seguinte: "Somos um grupo de estudantes, estamos discutindo enunciados básicos e ficamos num impasse; soubemos que o senhor está na cidade e talvez possa ajudar-nos. Wittgenstein pareceu gostar do que eu tinha escrito. "Recebi uma carta bastante simpática", disse ele, sempre segundo Elizabeth, enfatizando o "bastante" – e considerou vir. Desta vez, foram os estudantes de ciência que implicaram. "Quem é este sujeito?", perguntaram, "e por que deveríamos ouvi-lo? Anscombe já foi o suficiente!" Acalmei-os e reservei uma sala para uma reunião especial. No dia da reunião apanhei um resfriado. Sendo bastante ignorante em assuntos médicos, engoli toneladas de sulfonamida e aguardei ansioso. Chegou a hora. Kraft estava lá, os físicos estavam lá, os engenheiros estavam lá, os filósofos estavam lá – mas nada de Wittgenstein. Mais tarde Elizabeth contou-me o quão difícil fora para Wittgenstein lidar com este evento específico. Ele deveria chegar na hora certa, sentar-se e apenas escutar? Deveria chegar um pouco atrasado e entrar ostensivamente? Deveria chegar bem atrasado, simplesmente entrar e sentar-se como se nada houvesse acontecido? Deveria chegar bem atrasado e fazer uma piada? De qualquer modo, comecei resumindo o que tínhamos feito e fiz algumas sugestões. Wittgenstein chegou uma hora atrasado. "Seu rosto parece uma maçã seca", pensei e continuei a falar. Wittgenstein sentou-se, ouviu por alguns minutos, e então interrompeu: "*Halt, so geht das nicht!*" ("Pare, assim não vai!"). Ele discutiu detalhadamente o que se vê quando se olha por um microscópio – são estas coisas que interessam, ele parecia dizer, não considerações abstratas sobre as relações de "enunciados básicos" com "teorias". Lembro da maneira exata como ele pronunciou a palavra "*Mikroskop*". Houve interrupções, questões insolentes. Wittgenstein não se perturbou. Ele obviamente preferia nossa atitude desrespeitosa à admiração servil que encontrava em outros lugares. No dia seguinte, eu estava de cama com icterícia – efeito da sulfonamida. Mas soube que Wittgenstein se divertira.

Em 1949, 1950, 1951 e 1952, fiz minhas primeiras viagens ao estrangeiro – para a Dinamarca (três vezes, creio, incluindo uma universidade de verão em Askov, perto de Copenhagen), Suécia (Lund, Estocolmo e Ustaoset). O College pagava a viagem. Naqueles anos, viajar não era divertido. Havia checagens pelas forças de ocupação, e novamente nas fronteiras alemãs e dinamarquesas, os trens eram lentos, frios e desconfortáveis. Mas não importava – o transporte durante a guerra tinha sido muito, muito pior.

Na Dinamarca tive uma longa conversa com Louis Hjelmslev, cujos *Fundamentos da teoria da linguagem* eu acabara de ler. Conheci Tranekjaer-Ramussen, que prosseguia a abordagem fenomenológica introduzida por Edgar Rubin e participei de alguns de seus experimentos. Jorgen Jorgensen, autor de um tratado monumental sobre a história da lógica e de um livro um tanto menor sobre biologia, recebeu-me com grande gentileza e contou-me anedotas sobre a história da teologia na Dinamarca. Na Suécia, Jacqueline e eu nos hospedamos primeiro num hotel em Estocolmo e depois nas instalações estudantis em Upsala. Dei uma conferência sobre enunciados básicos para a associação filosófica com Mark-Wogau (a quem critiquei), estando Hallden e Hedenius no auditório. De volta a Estocolmo, fui ao seminário de Wedberg sobre Berkeley e às conferências de Oskar Klein sobre a teoria geral da relatividade. Eu entendia Klein, mas meu sueco não era suficientemente bom para discutir com ele no seminário.

Em Askov, conheci também Niels Bohr. Ele veio para uma conferência pública e dirigiu um seminário, ambos em dinamarquês. Eu havia me preparado lendo jornais e artigos filosóficos e entendi todas as palavras do que li. Foi uma grande realização. Havia rumores de que Bohr era incompreensível em qualquer língua. Ele se retirou ao fim da conferência e a discussão transcorreu sem ele. Alguns atacaram seus argumentos do tipo qualitativo – onde parecia haver muitas brechas. Os bohrianos não esclareceram os argumentos, apenas mencionaram uma pretensa prova por von Neumann e deram o assunto por encerrado. Hoje tenho dúvidas de que aqueles que mencionaram a prova, com exceção talvez de uma ou duas pessoas, pudessem tê-la explicado. Tenho certeza também de que seus oponentes não tinham ideia de seus detalhes. Contudo, como mágica, o mero nome "von Neumann" e a mera palavra "prova" silenciaram os objetores. Achei isto muito estranho, mas tranquilizei-me ao lembrar que o próprio Bohr nunca usou tais truques. Mais uma vez perdi-me no seminário. Bohr sentou-se, acendeu seu cachimbo e começou a falar. Sem trocar o tabaco, ele acendia seguidamente o cachimbo até formar-se uma montanha de fósforos à sua frente. Ele falava sobre a descoberta de que a raiz quadrada de dois não pode ser um número inteiro nem uma fração. Para ele, isto parecia um evento importante, ao qual voltava repetidamente. A seu ver, o evento levava a uma extensão do conceito de número que retinha certas propriedades dos inteiros e frações e mudava outras. Hankel, citado por Bohr, denominara a ideia por trás de tal extensão de princípio da permanência das regras de cálculo. A transição da mecânica clássica para a mecânica quântica, dizia Bohr, foi levada a cabo precisamente de acordo com este princípio. Até aí pude entender. O resto estava além de meu alcance. Quando o seminário terminou, aproximei-me de Bohr e pedi alguns detalhes. "Você não entendeu?", exclamou Bohr. "É realmente uma pena. Nunca me expressei tão claramente antes." Aage Petersen me alertara quanto à frase: "Bohr sempre diz isto – mas no fim das contas ele repete suas velhas explicações". Bohr realmente repetira suas velhas explicações, mas com renovado vigor, pois ele acabara de saber da apostasia de Bohm. "Você compreende isto?", perguntou ele com uma expressão intrigada no rosto. Infelizmente ele foi logo arrastado para uma outra reunião. Anos mais tarde, sonhei que encontrava Bohr novamente, que ele me reconhecia e me consultava sobre importantes assuntos – ele deve ter me causado uma forte impressão. Por outro lado, também sonhei que aconselhava Stalin – mas *ele*, nunca encontrei.

7 Sexo, canto e eletrodinâmica

Estes foram os anos em que casei, divorciei e me envolvi em vários romances. Conheci minha primeira esposa, Edeltrud, ou Jacqueline, como ela gostava de ser chamada, em Alpbach, em 1948. Ela vinha da parte eslovena da Áustria, estudara etnologia e falava meia dúzia de idiomas. Era uma das secretárias a quem eu ditava minhas notas estenográficas. Casamo-nos por razões práticas: nos anos 40 só casais casados podiam viajar juntos ou hospedar-se num quarto de casal. Eu amava Edeltrud, mas era atraído pelas muitas damas bem vestidas e cuidadosamente maquiladas que acrescentavam beleza, elegância e um toque de malícia aos vários eventos. Algumas pareciam estar atraídas por mim – pelo meu comportamento impulsivo, meu falatório, que elas confundiam com inteligência, e minhas maneiras estranhas. Em Alpbach floresciam encontros pseudointelectuais. Aqui era Kerenyi, com uma condessa austríaca, ostentando um ar misterioso e distante ("ele circula por aí enquanto eu tenho que fazer todo o trabalho", queixou-se sua esposa para mim); ali era Gemmell, com uma estudante americana admiradora. Popper passeava em torno da igreja da aldeia com uma atraente física – ele passeava às oito, às nove, às dez. "O que devo fazer?", perguntava-me ele quando sua mulher estava prestes a aparecer. Depois de Alpbach, eu visitava minhas novas conhecidas. Tomávamos chá, jantávamos, íamos ao cinema, ao teatro, a lojas de roupas – algumas damas queriam me transformar em algo mais elegante – e a lugares mais comprometedores. Eu também fazia descobertas mais perto de casa. Inge tinha uma leiteria no andar térreo da casa onde eu morava. Eu fora lá diversas vezes, para comprar iogurte, pão e manteiga. Mas quando Inge assumiu o negócio, comecei a me demorar mais por lá – ela era uma companhia deliciosa. Logo começamos a sair juntos, a bares, à ópera e em viagens mais longas. Inge tinha uma motoneta; eu montava atrás dela – rezava para todos os santos de que me lembrava – e era levado. Então seu marido começou a seguir-nos. Ele surgia de trás de arbustos quando passeávamos num parque, aparecia subitamente quando nos abraçávamos num banco e nos seguia quando saíamos da cidade. "*Gott im Himmel!*", exclamava Inge ao ver o carro dele e acelerava. Em algumas ocasiões ela quase me perdeu. Finalmente, o cavalheiro sugeriu uma conversa, "de homem para homem". Encontramo-nos num café. Sentamo-nos, Inge no meio, o marido à sua direita, eu à esquerda. Não lembro dos detalhes da conversa, mas foi *grosso modo* assim. Ele: "Pode ficar com ela; eu caio fora". Eu: "Não, não, você é seu marido – eu caio fora". Depois fomos todos para casa. Uma hora depois Inge telefonou (isto é, falou com uma vizinha do andar de baixo, Frau Tiefenbacher, que também era casada e saía com papai), falou como se nada tivesse acontecido e perguntou: "Bem, que tal sairmos para jantar hoje à noite?". Soube que ela divorciou e casou novamente. Será que eu a reconheceria se nos encontrássemos na rua, agora, mais de 35 anos passados? Não duvido.

Um dia encontrei um recado em minha caixa de correio: "Meu nome é Sheila Porter. – Elizabeth Anscombe me enviou" – e um número de telefone. Liguei. "Não quero perturbá-lo; qual seria uma hora boa para visitá-lo?" Minha resposta (de acordo com Sheila): "Você me perturbará de qualquer jeito, portanto não importa a hora". Quando Sheila chegou começamos a discutir. Para Sheila, as pessoas podiam viver juntas só quando tivessem interesses semelhantes. Para mim, semelhança de interesses era letal; levava ao aborrecimento e à separação. Sheila vinha da África do Sul; estudara filosofia e estava procurando emprego. Talvez por intermédio de seu irmão (o crítico musical Andrew Porter) ela tornou-se a responsável pelo setor de relações públicas da Covent Garden Opera e, depois disto, assistente de Sol Hurok. Quando Hurok morreu, ela passou para a City Opera, mas não se deu bem com Beverly Sills. Por alguns anos deixou-me ficar em seu apartamento em Londres e, por sua vez, passou um ano em meu apartamento de Viena. E pintou-o – para minha consternação. Recentemente recebi uma carta dela, de Nova York, querendo saber de mim. Mencionei romances, conversas, excursões – não mencionei sexo. A razão não é nenhuma reticência de minha parte. Em muitos casos o assunto simplesmente não emergiu. Flertamos e passamos bons momentos.

Mas o sexo nunca estava longe. Quando ele ameaçava mover--se para o centro do palco, eu geralmente assumia uma ação evasiva. Afinal, eu era impotente e não estava muito seguro de como as damas reagiriam a esta condição. Mais de uma vez provoquei estupor e mesmo raiva, quando num momento decisivo eu escapulia rumo à porta e desaparecia. Quando eu acabava na cama, por acidente ou infortúnio, ou porque meus desejos tinham levado a melhor sobre mim, eu prestava cuidadosa atenção a cada movimento que via e a cada som que ouvia e tentava proporcionar satisfação por meios diferentes do procedimento padrão (supondo-se que há um procedimento padrão). Parece que fui bem-sucedido, ao menos em algumas situações. Não apenas isto – algumas mulheres me disseram que nunca haviam tido um tal orgasmo antes. O problema era que embora eu gostasse dos estágios iniciais de um encontro, e embora ficasse mais do que contente em seguir as pistas, dicas e instruções explícitas que recebia, nunca tive eu mesmo um orgasmo. Ao ver as alegres contorções de minhas parceiras com frequência eu me sentia um tanto absurdo. Uma amiga de Jacqueline, ex-integrante da equipe olímpica da Iugoslávia e mulher impositiva, 12 anos mais velha do que eu, tentou resolver o problema – sem sucesso. Contudo, ficamos juntos por dois anos – e então surgiu uma outra dificuldade: quanto mais apaixonado eu estava, mais eu odiava a escravidão que aquilo parecia implicar. Novamente tomei ação evasiva, desta vez de um tipo diferente, mas sem sucesso. A liberdade que pensei ter conseguido era quase tão sufocante quanto a obsessão que eu tentara deixar para trás. Foi preciso muitos anos antes que este ciclo de dependência, isolamento e dependência renovada se dissolvesse num padrão mais equilibrado.

Cerca de um ano depois de minha volta de Weimar, visitei Vogel, meu antigo professor de canto. Ele agora vivia num sótão e tinha que controlar suas despesas. Precisava de alunos que lhe pudessem trazer fama e fortuna, não de um inválido rastejante como eu – e ele o disse. Enviou-me a Anton Tausche, um conhecido cantor de *Lieder* e professor. Crendo ser um baixo, comecei com *Auch ich war ein Jüngling*: era tudo de que era capaz minha voz. "Você não é um baixo – você é um tenor", disse Tausche e mudou o tom. Novamente escalas, Vaccai, Concone; em seguida, as canções e árias italianas familiares: *Tre giorni son che Nina, Caro mio ben, Ombra mai fu*. Minha voz desenvolveu-se ainda mais. Era de fato uma voz internacional. Tausche me pressionava: Verdi, Puccini, Bizet. Ele me enviou a um recital na sala de concertos. Minhas contribuições: *Comfort ye* – sendo um exibicionista eu mal respirava sob todos aqueles ornamentos – e, em alemão, *Gia nella notte densa*, com uma soprano de formas medíocres mas excelente voz. Os críticos me compararam a Leo Slezak, que cantava os papéis heroico e lírico bem como o *Lieder*. Achei que eu era melhor.

Para quem conhece apenas os prazeres intelectuais é difícil imaginar o prazer derivado do uso de uma voz bem educada, que tem poder e também beleza. Muitos cantores conseguiram alcançar um firme controle de sua voz; eles podem cantar passagens longas e difíceis sem perder o fôlego, podem aumentar e abaixar a voz em todas as gamas; em suma, eles são mestres de seu instrumento. Entretanto, este instrumento carece de poder ou de beleza. Por outro lado, são os cantores de voz poderosa que numa canção ou numa ária ficam subitamente sem fôlego. Em minha melhor forma eu podia fazer quase qualquer coisa com minha voz. Eu podia soltá-la, controlá-la, produzir o mais macio *pianissimo* e aumentar o volume sem sentir que estava alcançando um limite. Cantar me dava uma sensação de grande poder. A voz também se projetava bem – baixa ou alta, ela podia ser ouvida em toda parte de uma grande sala de concertos. E era esplêndida, ao menos enquanto a tratei bem. Para mim, nenhuma realização intelectual compara-se às alegrias de usar este instrumento específico.

Para aumentar meu repertório eu ia à ópera (o Theater an der Wien – o grande prédio, fora bombardeado) até cinco vezes por semana. Comprava bilhetes para lugar em pé a 25 centavos, ia para o primeiro andar e postava-me num lugar que, como se dá entre os *habitués* dos lugares em pé, havia se tornado "meu". Aquela era a época em que Kunz, Schoeffler, Siepi, London, Weber, Alsen, Dermota, Patsak, Seefried, Della Casa, conduzidos por Böhm, Krips ou Moralt criavam o que mais tarde tornou-se conhecido como "o estilo Mozart pós-Segunda Guerra". George London acabara de chegar. Para conseguir o emprego ele mentira e fora obrigado a cantar, no dia seguinte, um papel que não conhecia mas dissera conhecer: Amonasro. Ele passou a noite estudando e deu uma interpretação marcante. Nós no espaço dos em pé, os únicos realmente entendidos entre a audiência (assim pensávamos), adoramos sua voz e nos emocionamos com sua atuação. Em poucos meses ele acrescentou ao seu repertório Lindorf, Dappertuto, Coppelius e o Dr. Milagre (que ele tornou ainda mais misterioso por cantar em francês), Boris (em russo, o único papel de que não deu conta) e Don Giovanni. Vê-lo cantando *Fin ch'an dal vino* quase imóvel, vestindo lentamente, muito lentamente, um par de luvas brancas, foi uma experiência extraordinária. London tornou-se um astro internacional; Bayreuth, o Teatro Bolshoi, o Met. Gradualmente sua voz tornou-se espessa e parecia forçada. Notei a mudança quando ele cantou o *Holandês* em Bayreuth – deve ter sido em 1955 ou 1956. Depois eu o ouvi como Scarpia, numa transmissão radiofônica do Met. Foi doloroso. London logo se aposentou e passou para a administração. Viajava pelo mundo para descobrir jovens artistas para um centro de ópera em Los Angeles. Teve um derrame, passou anos sem poder se mexer e finalmente morreu. Não posso entender por que uma vida tão promissora deveria chegar a um fim tão miserável.

Ljuba Welitsch cantava Aída, Donna Anna, Tosca, Tatjana, Salomé. É trivial dizer que cada voz tem seu próprio caráter e individualidade. Mas Ljuba levou isto mais adiante – ela realmente era um caso à parte. Sua voz brilhante, argêntea, sobrepondo-se sem esforço sobre uma enorme orquestra, soava como um instrumento tornado humano. Ela não fez muitas gravações – há excertos de *Aída, Tosca, Don Giovanni* (mau italiano cantado numa velocidade incrível), *Eugen Onegim, Salomé* e alguma coisa ao vivo de *Salomé* e *Don Giovanni* (com Gobbi, Kunz, Dermota, Schwarzkopf, Furtwängler conduzindo). Ljuba, também, teve sua carreira interrompida por problemas vocais e aposentou-se cedo. Precisando de dinheiro, chegou a desempenhar papéis secundários (foi excelente e muito tocante como a estrangeira no *Consul* de Menotti) e apareceu em filmes e programas de TV. Por algum tempo ela se apresentou regularmente em *The Vikings*, um *show* americano dos anos 60. Eu a vi há poucos dias, na TV alemã, 75 anos de idade, com cabelos vermelhos flamejantes, um cãozinho no colo, também com pelos vermelhos flamejantes, tão vivaz como sempre. "Callas teve toda a sorte", dizia. "Ela ficou com os homens ricos; os meus eram pobres e logo fugiam." Ela parecia uma criança malvada mas podia-se sentir a determinação, a vontade férrea e a disciplina que a transformaram numa estrela.

Eu tinha visto Hotter como o Holandês antes da guerra e me decepcionado. Nada havia de decepcionante em seu desempenho agora. A voz parecia não ter limites – mesmo com sua maior força ela soava como se Hotter pudesse produzir facilmente duas ou três vezes o volume – e ela possuía uma qualidade única. Hotter era um excelente ator – exceto nos *Contos de Hoffman*, em que sua interpretação (se é que se tratava de uma "interpretação") beirou o ridículo. Vi Paul Schöffler como Don Alfonso, Don Pizarro, Don Giovanni, o conde no *Figaro*, Príncipe Igor. Hans Sachs parecia um papel especialmente escrito para ele. Enquanto alguns cantores enfraqueciam no terceiro ato – até Hotter tinha seus problemas – Schöffler ganhava em força e parecia estar disposto a começar tudo de novo. O *Otelo*, com Lorenz, Schöffler e uma variedade de Desdemona, de Hilde Konetzni a Carla Martini e uma muito jovem Leonie Rysanek entre elas, foi um dos melhores que já vi. Lorenz passava pelos estados de ânimo de seu papel como um tornado – primeiro embrenhado na raiva, desfazendo-se depois em dor. Havia apenas um cantor que podia ser comparado a ele – Ramon Vinay, Vi Furtwaengler regendo *Fidelio* com Martha Moedl no papel título e fui a quase todas as apresentações da *Flauta mágica*. Uma apresentação se destacava: Julius Patzak cantando Tamino, Esther Rethy Pamina e Kunz Papageno. Patzak era com frequência impaciente. Na *Tosca*, por exemplo, ele apressava o maestro como se quisesse que a maldita coisa acabasse logo de uma vez. Agora ele parecia tranquilo. A cena diante do templo, uma de minhas cenas favoritas de todas as óperas, estava perfeita, especialmente quando Schöffler aparecia como o narrador. Desde então vi algumas produções muito interessantes, inclusive *Hoffmann, Don Giovanni e Otelo* de Felsestein, *O anel* de Chéreau, o *Don Giovanni* de Sellars e várias coisas de Ponnelle. Só o seu *Serraglio* (com direção de Harnoncourt) pode se comparar com o que experimentei como estudante no espaço dos lugares em pé do primeiro andar, na Viena do pós-guerra.

Em 1951, finalmente obtive meu Ph.D. Eu tinha começado calculando um problema da eletrodinâmica clássica mas não parecia ir a parte alguma. Por outro lado, tinha minhas anotações do Círculo Kraft. Eu as havia escrito para mim mesmo. Contudo, elas continham argumentação, tinham a extensão adequada, por que então não transformá-las em um ensaio e propô-las como minha tese de filosofia? Thirring e Kraft concordaram. Eles me conheciam bem o suficiente para me aprovar sem uma só pergunta. Stetter, o físico experimental, pediu-me elucidações sobre detalhes de experimentos que eu não conhecia e divaguei sobre teorias que ele não gostava. Sobrevivi. Kainz, o examinador de fora, me pedira para levar ao exame três livros: a *Ética* de Nicolai Hartmann, sua própria *Estética* e a *História da filosofia* de Falckenberg. Este último alternava longas passagens de texto com informação adicional mais recôndita impressa em tipos menores. Estudei bem esta última e usei-a nas respostas. Kainz achou que eu me saíra especialmente bem e poupou-me do resto. No decorrer do exame descobri que Kainz adorava falar. Então, quando passamos para seu próprio livro (que eu havia lido muito por cima), levantei algumas dúvidas. Fiz a coisa certa. Kainz falou quase o tempo todo. "Este foi um exame excelente", disse ele quando o secretário o interrompeu, e deu-me a nota máxima. Estando agora apto, candidatei-me a uma bolsa de estudos do British Council para estudar com Wittgenstein em Cambridge. Juntei algumas recomendações, passei pelo teste de inglês e fui aceito. Wittgenstein morreu e tive que escolher outro supervisor. Escolhi Popper. No outono de 1952 parti para a Inglaterra.

8 Londres e depois

Viajei com uma mala mas sem um centavo no bolso. Nas outras viagens eu nunca precisara de dinheiro, pois alguém sempre vinha me apanhar. Desta vez tive problemas. Os carregadores franceses que levavam a bagagem do trem para o *ferry* do canal quase me lincharam, e os representantes do British Council que nos esperavam em Londres tinham um endereço, instruções de como chegar lá, mas nenhum dinheiro para o transporte. Bashi Sabra, que chegou comigo (e atualmente é professor em Harvard), emprestou-me algumas libras. Tomei um táxi até o Mary Ward Settlement em Tavistock Place, minha nova casa. Eu tinha um quarto com uma cama, um aquecedor a gás, uma mesa, uma estante e duas cadeiras. Os banheiros ficavam fora, a sala de refeições no andar de baixo. Os outros ocupantes eram secretários, homens de negócios, aspirantes a atores e estudantes como eu.

No dia seguinte, dei uma olhada na cidade. Visitei a School of Economics, arrumei uma cadeira na biblioteca, comprei livros e vi alguns filmes. Mas aonde ia tinha dores de cabeça. Levei alguns dias para descobrir a causa – a onipresente corrente de ar londrina. A partir daí passei a ficar em cantos bem protegidos, longe de portas e janelas. No alojamento, ergui uma tenda. Ela cobria a parte superior de minha cama e abrangia a mesa, uma cadeira e uma máquina de escrever. Era onde eu trabalhava, dormia e recebia visitas. Estas tinham que pegar a outra cadeira, ajoelhar-se e entrar sob a tenda. O lugar era ocasionalmente mostrado para pessoas de fora: "Esta é a maneira com a qual nosso convidado do continente lida com a corrente de ar".

Depois de uma semana, fui ver Popper. Ele não estava tão acessível como em Alpbach e chamou uma testemunha (J. O. Wisdom) para nosso primeiro encontro. "Quais são seus planos?", perguntou. Eu não esperava a pergunta – mas tinha uma resposta. Eu acabara de ler a nova introdução de Bohm à mecânica quântica. Não era o tipo comum de manual, pois contém os cálculos padrões mas combinados a detalhadas análises filosóficas: um capítulo de física, um capítulo de filosofia (principalmente Bohr). Sugeri que eu poderia escrever uma resenha. Popper parecia em dúvida, olhou para Wisdom em busca de ajuda, não a teve e dispensou-me. Passei a vê-lo duas vezes por semana, durante seu curso e seu seminário.

O curso começava com uma frase que se tornou conhecidíssima: "Sou um professor de 'método científico' mas tenho um problema: não existe método científico". "Entretanto", prosseguia Popper, "há algumas regras práticas que podem ser bastante úteis." Por exemplo, suponha que queremos explicar um trovão dizendo que ele foi causado por Zeus. É esta uma boa explicação? Depende. Suponha que alguém pergunte como sabemos que Zeus existe. A resposta "você não ouviu o trovão?" é insatisfatória; ela torna circular a explicação. Existem padrões semelhantes hoje? Certamente, com explicações *ad hoc*. Como pode a circularidade ser removida? Assegurando-se de que aquilo que explica é mais rico em conteúdo do que a situação a ser explicada. Os princípios da explicação devem também ter algum tipo de coerência, que é mais bem obtida pela introdução de novas entidades como forças, campos, partículas e assim por diante. Tendo sido introduzidas com o propósito explícito de explicar fenômenos conhecidos, estas entidades não eram conhecidas anteriormente, o que significa que explicamos o conhecido pelo desconhecido, não o contrário como se afirma frequentemente. E assim prosseguia Popper, intencionalmente trivial ou paradoxal, tentando mostrar como ideias simples derivadas de exigências igualmente simples traziam ordem para o mundo complexo da pesquisa.

Em seguida, vinham os ataques ao "indutivismo", a ideia de que teorias podem ser derivadas de fatos ou estabelecidas com base neles. Aqueles que enfatizam a sustentação empírica, dizia Popper, nos aconselham a ficar próximos dos fatos, o que significa que eles procuram ser o mais *ad hoc* possível. Mas esta característica está descartada, uma vez que a exigência de uma estreita correspondência empírica deve ser substituída pela exigência de ir o mais além possível da evidência. A metafísica, de fato, vai além dos fatos conhecidos e frequentemente os contradiz. Isto significa que a ciência é metafísica? Não, pois hipóteses científicas podem ser refutadas, sistemas metafísicos não.

Isto tudo era mais fácil de entender e mais plausível que as várias formas de lógica indutiva que eu encontrara em Mill e Jorgensen. O argumento que finalmente convenceu-me de que a indução era uma impostura e que Popper apresentou numa palestra na British Society for the Philosophy of Science (o argumento é de Duhem – mas Popper não o disse) era o de que leis de mais alto nível (como a lei da gravidade de Newton) geralmente conflitam com leis de nível mais baixo (como as leis de Kepler) e portanto não podem ser derivadas delas, não importa quantas suposições sejam acrescidas às premissas. O falsificacionismo parecia agora uma opção real e eu o aceitei. Às vezes eu me sentia um pouco inquieto, especialmente quando conversava com Walter Hollitscher; parecia haver um bichinho em alguma parte da madeira. Todavia, apliquei o procedimento a uma variedade de tópicos e fiz dele a peça central de minhas aulas quando comecei a lecionar.

Hoje vejo este episódio como uma excelente ilustração dos perigos do raciocínio abstrato. Há muitas filosofias perigosas por aí. Por que elas são perigosas? Porque contêm elementos que paralisam nosso julgamento. O racionalismo, dogmático ou crítico, não é exceção. É até pior – a coerência interna de seus produtos, a aparente racionalidade de seus princípios, a promessa de um método que possibilita aos indivíduos libertarem-se dos preconceitos e o sucesso das ciências que parece ser a principal realização do racionalismo o dotam de uma autoridade quase sobre-humana. Popper não apenas usava estes elementos como acrescentava um ingrediente paralisante de sua autoria – a simplicidade. Mas o que há de errado com uma filosofia coerente que explica seus princípios de uma maneira única e direta? Que ela pode estar fora de contato com a realidade, o que significa, no caso de uma filosofia da ciência, com a prática científica. Um filosofia, no fim das contas, não é como uma peça musical que pode ser fruída por si mesma. Espera-se que ela nos oriente por meio da confusão e talvez proporcione um esquema para a mudança. Popper sabia que um guia, ou um mapa, pode ser simples, coerente, "racional", e ser, todavia, sobre nada. Como Kant, Kraft, Reichenbach e Herschel antes dele, ele por conseguinte distinguia entre a prática da ciência e padrões de excelência científica e afirmava que a epistemologia lida apenas com estes últimos: o mundo (da ciência, e do conhecimento em geral) deve ser adaptado ao mapa, não o contrário. Por um tempo eu raciocinei da mesma forma. Era divertido cobrir de desprezo veneráveis tradições mostrando que elas eram "cognitivamente sem sentido". Era ainda mais divertido criticar respeitáveis teorias científicas erguendo a varinha mágica da falsificabilidade. Não me dei conta de que fazia uma suposição importante e de modo algum óbvia. Supunha que padrões "racionais", quando aplicados rigorosamente e sem exceções, podem levar a uma prática que é tão dinâmica, rica, estimulante e tecnologicamente eficaz quanto as ciências que já temos, aceitamos e louvamos. Mas esta suposição é falsa. Praticado com determinação e sem subterfúgios, o falsificacionismo demoliria a ciência tal como a conhecemos. Existem alguns episódios que parecem conformar-se ao padrão falsificacionista (meu exemplo favorito era a transição da teoria do *horror vacui* a Toricelli e a Pascal). Mas a grande maioria dos episódios, e especialmente aqueles que, segundo Popper, mostram melhor a ciência, desenvolveu-se de um modo inteiramente diverso. A ciência não é, portanto, "irracional" – cada passo seu pode ser explicado (e o está sendo atualmente, por historiadores como Shapin e Schaffer, Galison, Pickering, Rudwick, Gould, Hacking, Buchwald, Latour, Biagioli, Pera e outros). Contudo, os passos, tomados em conjunto, apenas raramente formam um padrão abrangente que concorda com os princípios universais e os casos que não apoiam estes princípios não são mais fundamentais do que o resto.

Neste ponto, as artes e as ciências tornam-se bastante semelhantes. A arte bizantina elaborava rostos de uma maneira severamente esquemática, usando três círculos, tendo como centro a base do nariz. O comprimento do nariz era igual à altura da fronte e a parte inferior do rosto – e assim por diante, como está descrito no *Manual de pintura de Monte Athos*. As regras nos dão os rostos – mas numa única posição (frontal), sem detalhes e sem caráter. Eles conflitam com quase tudo fora de uma escola bizantina específica. Da mesma forma, as regras de Popper podem produzir uma ciência bizantina; elas não são inteiramente sem resultados. Mas estes resultados estão bem longe da ciência de Newton, Faraday, Maxwell, Darwin, Einstein e Bohr (Otto Neurath, há muito tempo, criticou Popper exatamente desta forma).

Durante o seminário (que era realizado na Graham Wallace Room, bem atrás do restaurante), Popper anunciou que nós, os estudantes, deveríamos fazer as palestras. Qualquer assunto era aceitável, desde que tivesse consistência e fosse exposto com clareza. Quando comecei a lecionar, adotei o mesmo procedimento e o tenho usado a partir daí – é certamente melhor que o método de se concentrar num tópico fixo, com toneladas de bibliografia distribuída de antemão.

Estava há poucas semanas em Londres, quando fui engolfado pelo grande e agora legendário *smog* de 1952. Foi uma experiência incrível. Nas ruas era preciso andar lentamente – as pessoas eram visíveis apenas a poucos passos. Dentro do prédio, o fim da sala de refeições parecia desaparecer. No Old Vic eu ouvia as vozes dos atores (Paul Rogers em *Um chapéu de palha da Itália*) mas quase não os via. Tive sorte de conseguir ao menos chegar ao teatro. Ao subir no ônibus, pedi ao motorista para me deixar no Old Vic. Ele entendeu "Aldwych", esqueceu-se de me avisar e só lembrou-se quando eu estava bem em frente ao Old Vic e aconselhou-me a fazer o caminho de volta pela ponte. No caminho encontrei quatro moradores do alojamento. "Aonde está indo?". perguntaram. "Ao Old Vic". "É de onde você vem vindo", responderam e levaram-me até lá. Nesta época, Anscombe, abrigada na segurança de Oxford, sugeriu que eu a visitasse. Foi outra aventura.

A manhã começou com um "*bang*": as crianças invadiram meu quarto brincando de guerra. "Peach", como Elizabeth chamava seu marido, andava de um lado para o outro com aspecto miserável – até ter seu ataque diário de raiva. Barbara, que tinha entre seis e oito anos de idade, falou-me de seus muitos amantes, convidou-me a dar uma olhada em seu corpo nu e ofereceu beijos lascivos. "George Kreisel beijou-me deste jeito", disse ela. Geleia, moedas, páginas de manuscritos podiam ser encontrados nos lugares mais improváveis; em meio a tudo isto – Elizabeth, distante, fumando como uma chaminé. Visitantes entravam, olhavam em redor, saíam novamente. Expliquei minhas concepções sobre mudança científica a Geach, L. L. Hart e von Wright. As descobertas importantes, dizia eu, não são como a descoberta da América, em que a natureza geral do objeto descoberto já é conhecido. Ao contrário, elas são como reconhecer que se estava sonhando. Hoje existe um termo técnico para tais mudanças: incomensurabilidade. Eu não usava o termo e não via necessidade alguma para uma palavra especial – a questão parecia óbvia. Hart e von Wright pensavam de outro modo. Bem como Popper, como soube quando repeti os argumentos em seu seminário.

Durante o resto de minha permanência em Londres, concentrei-me em dois tópicos: teoria quântica (von Neumann e Bohm) e Wittgenstein. Von Neumann não era fácil; li seu livro com dificuldade, página por página, e finalmente escrevi uma resenha crítica. Wittgenstein resistia de outro modo. Seus escritos soavam como fragmentos de um romance, mas não era claro quem eram os personagens e o que significavam suas ações. Anscombe já havia me dado material, incluindo uma fotocópia das *Observações sobre os fundamentos da matemática*. Achei este manuscrito extraordinariamente excitante, mas não podia dizer por quê. Lera também as *Investigações*. Com a publicação da obra, tentei chegar ao fundo dela. Reescrevi o texto, transformei-o num tratado e usei quatro diferentes tipos de indicações para distinguir a extensão de minhas intervenções; aspas normais para o texto de Wittgenstein, cruzes para paráfrases, estrelas para minhas elaborações e ainda um outro tipo (não lembro qual) para evidenciar as observações críticas. Eu sabia que Wittgenstein não pretendia apresentar uma teoria (do conhecimento, ou da linguagem) e procurei expressamente não formular uma teoria eu mesmo. Mas minha sistematização fazia o texto falar como uma teoria e adulterava as intenções de Wittgenstein. Dei o ensaio a Elizabeth para ser criticado. Ela preparou uma versão inglesa (meu texto era em alemão) e enviou-o a Ryle. Ele mandou-o de volta: "Uma condensação eficaz, não uma resenha". Malcolm foi mais condescendente. E assim o monstrengo que eu havia produzido para meu próprio esclarecimento foi publicado na *Philosophical Review* de 1955.

Hoje eu diria que Wittgenstein reduziu severamente a independência da especulação teórica. Tendo descoberto uma teoria, o orgulhoso inventor geralmente crê ter descoberto um atalho para a natureza, a sociedade, a existência humana. Umas poucas palavras, umas poucas fórmulas – e o segredo é revelado. Mas tente aplicar as palavras ou as fórmulas a algum evento concreto, tal como a tristeza que se segue à perda de um amigo, e o teórico dirá ou que se trata de particulares subjetivos, não da "realidade", ou fará uso de hipóteses *ad hoc* – ou ainda fará tantos cortes, aproximações, suposições adicionais que já não estaremos lidando com a própria teoria, mas com um sistema complexo de ideias mais concretas (Nancy Cartwright tem coisas interessantes a dizer sobre como tudo isto funciona em física). Concordo plenamente com esta perspectiva e com a desmistificação da teoria pura que comporta. Num certo sentido, eu havia me tornado um wittgensteiniano (ou um nominalista, para usar um termo mais tradicional).

Como antes, eu não queria viver só pelo pensamento. Retomei o canto com um excelente professor e inspecionei a cena teatral. Aquele era o ano em que Warfield e Leontyne cantaram *Porgy and Bess* no Stoll; a temporada italiana, também no Stoll, trazia Gobbi como Scarpia, Silveri como Iago e De Santis como Otelo; vi Olivier como Archie Rice e Paul Rogers como Shylock. Da mesma forma que Ernst Deutsch na Alemanha do pós-guerra, Rogers mostrava um judeu nobre, pressionado por indivíduos egoístas e cruéis (alguns anos depois, Olivier omitiu o primeiro monólogo e banalizou a peça ainda mais). Aquela interpretação me deu a impressão de ser tão trivial e equívoca quanto a interpretação oposta que Werner Krauss oferecera na Alemanha nazista. Alexander Granach esteve em sua extraordinária autobiografia (não tenho a edição inglesa, portanto traduzo do alemão):

> A intenção do poeta foi a de compor uma comédia, um alegre jogo de amor. Os amantes enfrentam todo tipo de obstáculos – são ameaçados por grandes temores; primeiro suas vidas se tornam ásperas e amargas e eles devem superar este perigo, estes obstáculos, com suor e terror, de modo que no fim a canção de amor possa soar mais docemente, mais feliz, mais ternamente. Então tudo será como um sonho de uma noite de verão. Então tudo será como você gosta. Então você terá o que quer. O que era preciso nesta comédia colorida de Veneza era, portanto, um pouco de tintura sombria, para aterrorizar e ameaçar os amantes até finalmente o quinto ato começar com a canção poética "Em uma noite como esta..." e terminar com a troca de anéis e a cena de felicidade universal no leito! Sim, de fato Shylock foi planejado pelo poeta apenas como um contraste sombrio, como um tolo sombrio, um vilão, um parvo enganado. Mas, mas, mas... como que sua defesa se transforma num ataque? "Se nos ferem, não sangramos? Se nos fazem cócegas, não rimos? Se nos envenenam, não morremos? E se nos enganam, não devemos nos vingar?" A resposta é muito simples. Deus e Shakespeare não criam criaturas de papel, eles lhes dão carne e sangue! Mesmo considerando-se que o poeta não gostava de seu Shylock, para render justiça a seu próprio gênio, cuidou de seu tolo sombrio e do cerne de sua própria riqueza eterna inundou-o de grandeza humana, força de caráter e profunda solidão, transformando este pequeno bando alegre, cantante, parasítico, sedutor e calculista em torno de Antonio num punhado de pequenos delinquentes baratos.

Estudando o papel, Granach perguntou-se o que Shylock poderia fazer depois do julgamento. Estaria ele realmente acabado, ou seria capaz de começar uma nova vida em outro lugar? E não poderia usar sua astúcia para transformar a derrota em vitória? O Shylock de Peter Zadek (em sua quarta produção da peça) desconfia de uma tramoia e começa a preparar-se para o futuro enquanto corre o julgamento. A tentativa pode falhar – mas uma peça montada com esta possibilidade em mente situa-se acima das montagens levemente humanitárias ou antissemitas.

No início, eu costumava ir sozinho. Gostava de estar só – não havia necessidade de prestar atenção aos humores dos outros e eu podia levantar-me e desaparecer sempre que sentisse vontade. Pouco a pouco, porém, algumas das moças no alojamento começaram a parecer bem atraentes. Escrevi poemas para uma delas e acompanhei outra à sua casa perto de Peterborough. Seu pai era um pastor anglicano com opiniões bem definidas; desnecessário dizer que logo estávamos um no pescoço do outro – de maneira amigável, é claro. Convidei Hazel para Viena, mas tendo conhecido Diana naquele meio-tempo, levei um choque quando ela apareceu; ela certamente parecera mais atraente em Londres. Na escola conheci John Watkins, – que por certo tempo foi o cão de guarda de Popper (e continuou desempenhando este papel comigo, de uma maneira mais ou menos relaxada, até Popper excomungá-lo) –, Sabra – a cujas aulas eu assisti ao voltar a Londres em 1965 –, J. O. Wisdom e Joske Agassi – que se tornou, mais ou menos, um amigo.

Agassi hesitara; ele não confiava num ex-oficial nazista. Popper pediu a Joske que me desse uma oportunidade e ele concordou. Sentados no ônibus, éramos uma combinação formidável. Eu fazia uma afirmação a *mezza voce*. Joske se opunha, erguendo um pouco a voz; eu replicava, já em *forte*; Joske rebatia, *fortissimo* – e daí por diante até que os outros passageiros nos mandavam calar a boca. Por ocasião de nossas visitas a Popper, mastigávamos biscoitos e pulávamos de um assunto para outro. Lembro-me de ter tentado – sem êxito – explicar a chamada prova de von Neumann.

Por intermédio de Joske conheci Margarete Buber-Neumann e Martin Buber. Margarete tinha sido presa política, primeiro sob Stalin, e depois do pacto Stalin-Hitler, sob Hitler. Depois da guerra ela começou a dar conferências sobre suas experiências. Agora ela era atacada pelos esquerdistas acadêmicos que se ressentiam de suas críticas à Rússia stalinista e a acusavam de ser agente da CIA. Ela, porém, não ficava amargurada, mas apenas atônita diante do que as pessoas eram capazes de fazer umas com as outras. Martin Buber precisou de um tradutor para um discurso de aceitação (ele acabara de receber um Ph.D. honorário) e Joske indicou-me. Encontrei-me com Buber no *lobby* de um hotel perto do Hyde Park Corner. "Devo traduzir mais para o conteúdo ou para o clima?", perguntei, pois o conteúdo era um tanto elusivo. "Clima", respondeu Buber. "Clima!" Joske era (e talvez ainda seja) um tipo prepotente com altos valores morais, que me criticava à direita e à esquerda. Às vezes eu rebatia, outras não; a verdade é que, carecendo de uma férrea visão de mundo, eu ficava meio perdido como antes, durante os anos do nazismo. Um exemplo: em 1955, Arthur Pap pediu-me para traduzir seu manual de filosofia analítica para o alemão. Comecei a tradução. "Você é um criminoso", disse Joske. "Este livro é ruim." Tolamente escrevi a Arthur: "Não vou continuar a tradução, este livro é ruim". O problema não era eu seguir Joske a despeito de ter uma opinião contrária – não; o problema era que minha percepção das coisas era instável e podia ser mudada com muita facilidade. Eu achara que o livro era bom; depois da crítica de Joske deixei de gostar dele. Acho que muitos jovens – gente de 15 a 17 anos – ou, hoje em dia, gente de 7 a 10 anos – têm percepções e visões instáveis semelhantes. Eles parecem ver o mundo de uma maneira especial; e, contudo, a mais leve pressão pode fazer que o vejam de modo diferente. Um bom professor respeita esta instabilidade. Desnecessário dizer, a maioria deles a usa "para ensinar a verdade", como eles chamam o processo de impor suas próprias ideias mesquinhas.

Joske me instava a tornar-me um popperiano fiel. Isto me deixava um tanto perplexo. Como disse, as ideias de Popper eram muito sedutoras e eu me fascinara por elas. Por que então Joske me pressionava para ir ainda mais adiante? Minha única explicação é que eu não me fascinara o suficiente e que minha falta de empenho se fazia notar. De fato, eu sempre hesitava quando se tratava de fazer declarações de fé. Privadamente, e ainda mais em público. O falsificacionismo, eu parecia dizer a mim mesmo, pode ser correto; mas por que eu deveria agir como se se tratasse de um sacramento? Por quê, por exemplo, eu deveria citar Popper em cada página e em cada nota de rodapé de tudo o que escrevia? Eu não hesitava em explicar o quanto eu havia aprendido de Viktor Kraft –, que lera minha tese e sugerira melhorias – de Thirring – que era um exemplo não só intelectual mas também moral, ou de Hollitscher. Esta era uma questão pessoal, eu estava agradecido e o dizia. Aqui, porém, eu parecia estar entrando no domínio das relações públicas religiosas, da dinâmica de grupo ou da avidez intelectual – nenhuma das quais me servia.

No início de 1953, Popper solicitou uma extensão de minha bolsa. Não conseguiu. "Não importa", disse ele. "Vou pedir uma verba extra e logo você se tornará meu assistente." Deixei Londres no verão de 1953 e voltei para Viena. Envolvi-me então em vários projetos. Popper pediu-me para traduzir sua *Sociedade aberta*, Kraft sugeriu que eu escrevesse artigos (sobre metodologia e filosofia da natureza) para uma enciclopédia francesa e a Library of Congress queria um estudo sobre a vida acadêmica do pós-guerra na Áustria. Aceitei todas as ofertas – não tinha nada para fazer e precisava de dinheiro. Traduzir Popper foi fácil. Datilografei a primeira versão numa máquina de escrever antediluviana, corrigi-a algumas vezes e ditei a versão final para uma secretária. Não estando ainda familiar com as sutilezas da língua inglesa, e preferindo a paráfrase à tradução, desviei-me do original e Popper não ficou muito contente com o resultado.

Li quase toda a literatura relevante para os artigos da enciclopédia e escrevi um excelente texto com ensaios bibliográficos detalhados. Os editores fizeram cortes consideráveis e omitiram toda a bibliografia. O estudo austríaco implicou um certo trabalho de biblioteca; além disso, visitei institutos universitários, organizações privadas e falei com professores, assistentes, políticos, psicanalistas, jornalistas etc., etc. Victor E. Frankl convidou-me para ouvir uma conferência que dera no dia anterior; ele pôs a fita no gravador, ligou a máquina e sentou-se numa atitude de alegre antecipação. A máquina disse: "Senhoras e senhores, hoje temos..." e ficou silenciosa – o microfone havia se desconectado e Frankl teve que falar para meras cinquenta pessoas, não para a posteridade. O produto final estava razoavelmente completo (duzentas páginas datilografadas, em espaço simples – em estilo condensado) e dava uma boa impressão do que tinha sido conseguido desde 1945 – mas também não foi publicado como tinha sido escrito; o tradutor (o ensaio era em alemão) omitiu cerca de um terço do texto e mutilou o resto. Ganhei mil shillings pelo meu esforço – o que não era para jogar fora.

Tive também minha primeira oportunidade profissional como cantor – e a perdi. Schachermeyer, que me ouvira numa das *soirées* de Tausche, queria produzir *Manuel Venegas* comigo no papel título. Peguei emprestado a partitura, fui ao piano que os vizinhos haviam deixado no meu apartamento e pus-me a martelar meu papel (eu ainda não sabia ler música). Eu sabia três páginas quando cheguei ao ensaio. Schachermayer sentou-se e tocou a introdução. Muito floreado, montes de notas que eu nunca ouvira antes; fiquei confuso, desculpei-me e fugi. Eu devia ter me preparado com alguém – sabendo como estudar eu teria aprendido a coisa rapidamente e teria dado uma apresentação sensacional. Simplesmente não usei a cabeça.

Por aquela época, Popper escreveu que meu cargo de assistente tinha sido aprovado. Era uma honra e, ademais, parecia encerrar minhas dificuldades financeiras; contudo, senti-me bem inquieto. Não consegui atinar com a causa disto; tudo o que sabia é que queria ficar em Viena. Depois de alguma hesitação, recusei o convite. Anos mais tarde descobri o quanto afortunado tinha sido. Agassi, que assumiu o cargo, gozava de pouquíssima liberdade.

Tive sorte também a curto prazo. Numa de minhas visitas à biblioteca de filosofia notei um jovem que nunca tinha visto antes. "Sou Arthur Pap", disse ele. Arthur Pap – eu o conhecia! Tinha lido alguns de seus ensaios na sala de revistas do American Information Center que me interessaram e disse isto a ele. Ele, por sua vez, estava procurando um assistente. Concordamos rapidamente sobre as condições e eu consegui um meio de subsistência para ao menos mais um ano.

Quando conheci Arthur, ele estava bem estabelecido, isto é, era conhecido e apreciado pelos filósofos analíticos, malvisto pelos seus oponentes e desconsiderado pelos administradores universitários. Ele tinha facilidade para identificar as suposições simples por trás de um argumento formal imponente e demonstrou-o num seminário sobre o *Principia* de Russell. Ele também lecionava filosofia analítica. Eu estenografava as aulas, as datilografava em estêncis e fazia cópias para a classe, para Pap e para os editores. O livro – *Analytische Erkenntnislehre* – apareceu em 1954.

Arthur tinha enormes talentos. Estudara música e era excelente ao piano. Mudara para filosofia, trabalhara com Cassirer e era autor de um excelente ensaio sobre o *a priori* na física teórica. Depois disto, ingressara no movimento analítico, fizera importantes contribuições e publicara um manual. Pouco a pouco ele lia menos, escrevia mais, e seus escritos tornavam-se ralos e sem substância. Ele podia ser rude e quase cruel – "Se você não fosse um judeu, poderia ser um nazista", exclamou Pauline, sua esposa, durante uma discussão. Contudo, eu tinha um grande afeto por ele e fiquei triste ao saber de sua morte prematura. Uma vez consegui afastar Arthur de seus papéis; levei-o ao meu piano, abri o álbum de Schubert e começamos um pequeno concerto – uma canção depois da outra. Ele transformou-se numa pessoa diferente; sorria e estava quase feliz. Mas o sorriso foi se esmaecendo, ele ficou inquieto, mencionou seu trabalho e voltou para casa.

Assim, eu estava bem ocupado – mas sem perspectivas de o que fazer a longo prazo. Sentia que devia fazer alguma coisa, mas não sabia o quê. Participei de mais alguns concertos, preparei-me para trabalhar numa estação de rádio, inscrevi-me de novo na universidade e visitei algumas damas da sociedade na ausência de seus maridos. Também escrevi artigos para diversas revistas, um dos quais muito bom. Recebi então uma carta de Anscombe: há um emprego em Oxford, dizia ela – por que não se candidatar? De fato, por que não?, pensei, e candidatei-me a todos os empregos disponíveis que pude encontrar – um na Austrália, um em Oxford, um em Bristol. Pedi recomendações para Popper e Schroedinger. Popper tinha um problema, já se havia comprometido com outro candidato para Bristol – mas mesmo assim me ajudou. No início de 1955, fui convidado para uma entrevista em Bristol. Assim começou o que é tecnicamente conhecido como minha carreira.

9 Bristol

Assim que cheguei, visitei Koerner, o chefe do departamento da filosofia e presidente de minha comissão de exame. Ele descreveu os procedimentos e apresentou-me ao comitê: o presidente da universidade, um senhor baixo e vivaz, com um grande senso de humor; Maurice Pryce, um físico teórico; Lang, um físico do estado sólido e outras personalidades. Eu nunca tinha visto nenhum deles e nada sabia de seus hábitos e realizações. Na página 278 de seu livro *Bird of Passage* (Princeton 1985), Rudolf Peierls escreve sobre Pryce: "Ele podia ser um crítico devastador e conta-se que depois de cada visita sua a Harwell alguém tinha que consolar os jovens com quem ele falara e assegurá-los de que havia ainda uma possibilidade de eles virem a ser teóricos competentes". Posso testemunhar sobre as propensões destrutivas de Pryce – eu logo iria prová-las pessoalmente. Por outro lado, eu o ajudei, para sua surpresa, quando ele se viu num impasse numa aula de mecânica quântica. Mas isto tudo ainda estava no futuro. O que eu via agora era um elenco de rostos, em parte ansiosos, em parte entediados, em parte impacientes – cerca de 15 deles, e eu estava pronto para a batalha. Koerner perguntou-me sobre meus estudos, meus interesses, as coisas que eu tinha lido. Num certo ponto (segundo Koerner me contou), Pryce objetou: "Mas este não é um problema filosófico". E eu teria respondido: "Mas é um problema, e isto me basta". Fiquei em apuros quando disse que minha teoria favorita da origem planetária era a de von Weizsäcker. "Você pode nos dar uma breve explicação?", perguntou Pryce. Não pude, pois eu nunca a tinha lido. Houve uma pausa incômoda – e então o exame prosseguiu. Quando terminou, fiz um pequeno discurso. Não sei por quê – mas era um dia quente, eu estava excitado e simplesmente não podia parar de falar. "Vocês são cientistas", eu disse. "Isto não significa que vocês sabem tudo. De fato, vocês com frequência cometem erros, especialmente em áreas como a filosofia, que vocês olham com desprezo e no entanto usam constantemente, embora de maneira desavisada. Mas os erros podem ser evitados, pois há pessoas que podem ajudá-los" – referindo-me a mim mesmo. Parti no mesmo dia de volta para Viena.

Fui recusado na Austrália e em Oxford – mas consegui o emprego em Bristol. Somente muito mais tarde me dei conta da sorte que tive. Bristol era uma das mais importantes universidades inglesas, com uma excelente reputação no campo científico; Mott tinha estado lá; Pryce e Cecil Powell, o descobridor do pi-meson ainda lecionavam lá; Shepherdson trabalhava em matemática, Koerner e Carré em filosofia; L. C. Knight, o grande crítico shakespeareano, ensinava literatura; havia Kitto – e assim por diante. Eu era um recém-chegado, desconhecido pelo *establishment*, sem publicações ou empregos anteriores para me dar consistência, além de ser estrangeiro. Imagino que Popper deve ter dado uma mão. Os cientistas, eu soube, ficaram impressionados com a recomendação de Schrödinger e com meu falatório. Agora meu futuro estava salvo por pelo menos três anos – uma eternidade naquela época.

Durante o verão, voltei a Alpbach. Desta vez encontrei Philipp Frank, Alf Ross, Bergsträsser, Redlich, Argan, Mitscherlich; tivemos recitais de Christa Ludwig, que vinha de seu triunfo em Viena (no papel de Cherubino), e Julius Patzak, que cantou o *Reisebuch* de Krenek, com o autor ao piano. Bergsträsser quase me estrangulou quando ridicularizei sua conferência pública e Mitschelich não pareceu particularmente feliz quando afirmei que a alma era uma quimera social. Alf Ross criticou a velocidade de minhas intervenções e tentou desacelerar-me, às vezes por meios desleais. Apareci também no cabaré. Troquei de roupa, me maquiei, cantei baladas e atuei em rápidas cenas. Fui recebido por um fragoroso aplauso ao voltar à sala de jantar como eu mesmo.

Philipp Frank era esplêndido; amplamente informado, inteligente, espirituoso e um grande *raconteur*. Diante da escolha de explicar uma questão difícil por uma história ou por um argumento analítico, ele invariavelmente escolhia a história. Alguns filósofos não ficavam contentes com aquilo. Eles ignoravam que a ciência é uma história, não um problema lógico. Frank afirmava que as objeções aristotélicas a Copérnico coincidiam com o empirismo, ao contrário da lei da inércia de Galileu. Como em outros casos, esta observação ficou adormecida em minha mente por anos; até que subitamente começou a fermentar. Os capítulos sobre Galileu em *Contra o Método* são um resultado tardio. Encontrei Frank novamente em Cambridge, em meu caminho para Berkeley e uns poucos anos antes de sua morte. Soube de sua doença e fui com Joske visitá-lo. Tivemos um choque. Frank estava completamente senil – um caso de Alzheimer, como seria diagnosticado hoje. Havia momentos de lucidez; "logo estarei bem", ele disse, "não se preocupem" – mas não duravam muito.

Depois de Alpbach, passei rapidamente por Viena. Sheila Porter ainda vivia em meu apartamento – mas quase não nos vimos. No fim de setembro, fiz minhas malas e parti para Bristol.

Meu trabalho era bastante simples: eu deveria dar um curso sobre filosofia da ciência por dez semanas, uma hora por semana. O problema é que eu nunca estudara o assunto. Eu lera alguns livros mas suspeitava de que eles não me levariam muito longe. Para ver até onde, escrevi tudo que pude lembrar numa folha de papel. Mal enchi uma página. Joske tranquilizou-me: "A primeira linha está aqui", disse ele. "É a sua primeira aula. Comece estabelecendo o que vai ser dito, então desenvolva e elabore aqueles conceitos (depois que você começar, vai lembrar espontaneamente de muita coisa) – daí você repete e sumariza, e quando der por si, a hora já passou. Então vem a segunda linha – e assim por diante." Segui seu conselho, compus minha primeira aula e decorei-a em frente de um espelho, como um papel numa peça teatral – de que outra maneira um ator se prepara para um novo papel? A meu ver, as coisas correram bem; não me perdi e o semestre acabou antes que eu ficasse sem material. Havia cerca de 12 alunos numa pequena sala perto do escritório de Koerner. Não foi fácil achar um lugar para morar. Eu chegara tarde e a maior parte dos melhores apartamentos já se fora. Consegui um com dois quartos escuros, sala, cozinha e banheiro no térreo de uma casa atrás da universidade. A sala tinha um teto de vidro, de modo que as atividades exercidas ali e no quarto de dormir poderiam ser vistas pelos vizinhos do andar de cima. Uma das vizinhas era amiga da secretária do departamento. Levou algum tempo para eu perceber por que esta sempre me recebia com um sorriso cúmplice, depois de eu ter passado uma noite movimentada.

    Meu tempo se dividia entre leitura, ouvir o rádio, aulas, o seminário do corpo docente, uns poucos encontros, as horas de escritório e o teatro. A coleção verde de novelas de mistério da Penguin foi um achado. Eu devorava cinco ou seis delas por semana e logo esgotei o estoque da livraria local. Eu era fascinado por Hilda Lawrence. Relendo-a cerca de trinta anos depois, achei suas tramas interessantes mas bem menos misteriosas do que em 1955. É isto que se chama um crescente sentido de realidade? Um dia li uma história em que os fatos se sucediam num ritmo estonteante, sem pé nem cabeça, em torno de uma jovem chamada Rosa, que, morta num assalto, aparecia nos lugares mais improváveis. Ela mantinha a trama encadeada. "Quem é este sujeito?", exclamei e procurei o nome na capa. "Por Damon Runyon", dizia. Damon Runyon; eu fora fisgado para sempre.

    Tendo finalmente um salário, e considerável, de meu ponto de vista (noventa libras por mês!), eu podia me proporcionar pequenos luxos. Comprei um telefone – meu primeiro telefone. Eu ia a todas as produções que estreavam no Old Vic de Bristol. Naquela época, o Old Vic de Bristol era o melhor teatro fora de Londres. Peter O'Toole interpretou Hamlet e Estragon, apareceu em *Rivals*, *Rei Lear* e outras peças. Ele não levava muito a sério sua atuação e ocasionalmente dava risadinhas sem razão aparente. Alan Dobie era excelente em papéis humorísticos e grosseiros, e Rachel Roberts, que iria tornar-se uma das esposas de Rex Harrison, teve um desempenho maravilhoso em *The Queen and the Rebels* de Ugo Betti. Vi Tennessee Williams – *Camino Real* – e instantaneamente tornei-me seu admirador. Em Londres, *Otelo* foi anunciado com Vinay e Gobbi. Gobbi não apareceu – Otakar Kraus substituiu-o. Com isto restava Vinay. Sua outrora poderosa voz havia encolhido para um baixo volume, mas sua atuação foi extraordinária, microscopicamente detalhada e ainda assim sem perda de grandeza. Anos mais tarde, vi Vinay novamente, em San Francisco – como Falstaff. Sua voz melhorara; não era alta mas projetava bem, e cada palavra fazia-se entender. Não conheço nenhum outro caso em que um barítono (Vinay começara como barítono) se tornara tenor e voltara a ser barítono. Também encontrei uma ou outra dama para o chá, jantar ou leito. E contudo havia ainda muitas lacunas.

Eu me interessava por questões intelectuais, participava de discussões, escrevia artigos e dava conferências. Mas quando os artigos estavam escritos, as conferências dadas e as discussões encerradas eu não sabia o que fazer. Havia me preparado para o teatro, conhecia alguns papéis e acreditava que as ideias eram mais bem apresentadas num palco. Mas nada saiu daí. Eu me apaixonava com frequência, e intensamente, mas minhas emoções mudavam quando o caso, que, para mim, era principalmente uma questão de imaginação, parecia tornar-se real. Quase todas as minhas ações eram tentativas, incompletas, sem um propósito definido. Talvez eu gostasse de coisas demais e relutasse em fixar-me em uma só. Havia longos períodos de solidão e tédio, quando eu vagava ao acaso, durante o dia, ou à noite, esperando que alguém, de preferência uma mulher, aparecesse e pusesse as coisas em ordem. Mais tarde, na Califórnia, minha inquietação tornou-se intercontinental – eu arrumava um emprego, outro, e ainda outro, até passar a maior parte do tempo no ar. Eu dava o melhor de mim ao enfrentar um desafio externo; mas encolhia quando entregue aos meus próprios recursos. Durante cerca de um ano tomei sedativos diariamente e passei o tempo todo, dia e noite, dormindo, a não ser para dar aulas e tomar lições de canto. Eu estava realmente "matando o tempo". De certo modo eu esperava que minha vida começasse – amanhã, eu pensava, ou a semana que vem, ou o ano que vem, tudo vai ficar em ordem. Entretanto, no meio deste vazio, eu escrevia artigos e esboços que não apenas diziam respeito a questões técnicas, mas mostravam também um interesse sincero e espontâneo pelos outros.

Como era possível? De onde vinha este interesse? Eu sentia dores frequentes – como resultado dos ferimentos que recebera na guerra. A dor se insinuava em mim, estabelecia uma cabeça de ponte, expandia-se e durava horas, às vezes dias. Eu tomava analgésicos, primeiro a dose regular, depois o dobro da dose, então até cinco vezes a dose; eu ficava doente – mas a dor permanecia. Lentamente, muito lentamente, a situação começou a mudar. Minhas atividades, interesses, as coisas que eu escrevia, dizia e de que me ocupava começaram a fundir-se. Era como tornar-se uma pessoa com um caráter, uma atitude, um ponto de vista e objetivos relativamente estáveis. O canto, meu antigo sonho, estava fora de questão. Bem como escrever peças, que para mim era a segunda melhor das coisas. O que permaneceu foi a possibilidade de organizar ideias e impressões como cores ou formas, embora preservando seu potencial dramático. Recebi também ajuda externa – um tanto imerecidamente, eu diria, mas recebi. Mas tudo isto estava ainda num futuro distante. Pois o ano é 1955. Acabo de conhecer minha segunda esposa, devo dar um curso sobre mecânica quântica e fui convidado para presidir um seminário em Alpbach, com Alfred Landé.

Mary O'Neill era aluna em minha classe. Chegara já no decorrer do curso, pois estivera doente. Roy Edgley a descrevera com entusiasmo e eu ficara curioso. Não sei como tudo começou – fui eu que a convidei ou simplesmente nos encontramos? De qualquer modo, logo estávamos saindo juntos ao menos uma vez por semana e nos divertindo. Em 1956, Mary me acompanhou a Alpbach (com seu irmão como acompanhante). Quando voltamos, passei pelo crivo da família – mãe, pai, tios, tias. Parte dela vinha da Irlanda, parte do País de Gales. Alguns parentes tinham suas dúvidas sobre este estrangeiro que andava de muleta e falava com um sotaque carregado. A própria Mary parecia hesitar – mas um desempenho magistral de minha parte, cheio de paixão e desespero, finalmente a conquistou.

O casamento foi um grande espetáculo – coro, órgão, incenso e tudo o mais. Usei minhas últimas dez libras para comprar um terno e dar uma melhor impressão. Passamos nossa lua de mel em Londres e nos instalamos em um apartamento que os pais de Mary tinham em Bristol. Então as coisas começaram a desmoronar. Acho que fui eu que sugeri que Mary devia se mudar para outro quarto. Logo eu estava praticamente vivendo em meu escritório, escrevendo "ensaios importantes". "Você é uma pessoa cruel", disse Carmen, uma professora de espanhol em Bristol, que sabia alguma coisa sobre nossa vida. Tentei mudar – mas era tarde demais. No Natal de 1957, Mary visitou seus pais sozinha; ela também tinha um caso. A última vez que a vi foi em 1958, na estação ferroviária de Bristol. Foi por acaso; eu estava a poucos passos dela, mas fiquei quieto. Agora ela tem cerca de sessenta anos. Sei que tem filhos e tento imaginar o seu aspecto. Um pouco mais gorda, talvez alguns cabelos grisalhos? Ao recordar aquela época fico perplexo com o desperdício – do afeto e do amor que existiam no começo e que se transformaram em tristeza, medo e ódio, por causa de minhas atitudes.

O curso de mecânica quântica foi um desastre. Eu tinha lido livros e artigos técnicos e memorizara o que acreditava ser cálculos importantes, mas eu estava muito preso a especificidades para ver seu sentido global. Pryce não tornava as coisas mais fáceis. "Palavras sem sentido empregadas sem gramática", exclamou ele depois de uma de minhas explicações. Comecei com cerca de oitenta ouvintes de todas as faculdades – o tópico era tão fascinante então quanto o é hoje; no fim, eu estava com dez gatos pingados.

O seminário de Alpbach foi muito melhor. Eu conhecia o último livro de Landé e tinha escrito uma resenha. O livro tinha uma parte formal que não era difícil de entender, e uma parte filosófica em que as etapas formais recebiam uma interpretação. Tratei as interpretações rivais de modo semelhante, isto é, separando o formalismo da leitura aceita e examinando as várias versões das etapas mais proeminentes. O seminário cresceu mais do que havíamos planejado. Os historiadores de Santillana e Schimank estavam sem alunos e uniram-se a nós; bem como Schrödinger. Este não era muito simpático à abordagem de Landé; falou laudatoriamente de Ernst Mach (*"wir können doch nicht hinter Mach zurückgehen!"* – "Mas não podemos remontar mais para trás de Mach!"), mencionou frequentemente a segunda quantização que ele via como uma possível solução do problema e fez sérias objeções quando Santillana traçou um diagrama mostrando que Copérnico necessitara da mesma quantidade de círculos que Ptolomeu. Wolfgang Pfaundler tirou várias fotos e ainda tenho uma delas. Lá estou eu com minha grande boca aberta, diante de mim um perplexo Heiz Post e à minha esquerda um embaraçado Landé.

O terceiro evento relacionado ao *quantum* em que me envolvi foi no Colston Research Symposium de 1957. Ainda me deixando impressionar por truques formais, preparei uma conferência sobre a teoria quântica da mensuração. Participei também das discussões e editei as Atas. Minha conferência não foi particularmente original. Todavia esclareci certos aspectos da teoria de von Neumann, o que foi mencionado positivamente por van der Waerden recentemente, em 1985. Michael Scriven, que participou do simpósio como representante do Minnesota Center for Philosophy of Science, convidou-me para uma visita. Fui durante o verão, falei sobre o papel do princípio ergódico em termodinâmica e conheci Feigl, Hempel, Nagel (Ernst), Sellars, Putnam, Grünbaum, Maxwell, Rozeboom e outros.

Mais tarde, naquele mesmo ano, conheci mais de perto o *establishment* da filosofia britânica. Eu já conhecia John Watkins. Ele não era propriamente do *establishment* – era popperiano –, mas estava bem estabelecido em seu papel particular. Jantares com John eram cuidadosamente coreografados. John recebeu-me na porta, levou-me ao seu estúdio e convidou-me a sentar. Andando de um lado para o outro, com uma expressão severa no rosto, ele me repreendeu por ter sido um mau popperiano: muito pouco Popper no texto de meus ensaios – nenhum Popper nas notas de rodapé. Tendo explicado detalhadamente onde e de que maneira Popper deveria ter aparecido, ele suspirou aliviado, levou-me à sala de jantar e deixou-me comer. Lakatos, que vim a conhecer bem mais tarde, me atacava quase nos mesmos termos: "Por que você disse X, quando Popper diz Y, e por que você não cita Popper que, afinal, também disse X em algumas ocasiões?". Sei que até hoje a Palavra Sagrada – POPPER – continua a dar força a seus fiéis.

Participei de encontros da Aristotelian Society e vi alguns astros ascendentes em ação. Fiquei perplexo diante da falta de *finesse* dialética. Certa vez, num jantar, sentei perto de Ryle. Eu tinha admirado seu *Concept of Mind*. Agora apreciava seu espírito cáustico e seu senso de perspectiva. "Esperto e impertinente como uma caixa de macacos", consta ter Ryle dito de mim. Em 1958, fiz eu mesmo duas apresentações, uma em março, em Londres, com Ayer presidindo, a outra no verão, em Southampton, com McKay como segundo conferencista. No decorrer do semestre, visitei várias universidades inglesas. Em Birmingham, dei uma de minhas palestras típicas sobre mecânica quântica. Durante a discussão, um senhor idoso fez algumas perguntas e levantou uma objeção. Supondo que ele não estava familiarizado com a teoria, expliquei-a em termos simples e elementares. O cavalheiro ouviu pacientemente, assentiu com a cabeça e agradeceu-me. No dia seguinte, soube que se tratava de Rudolf Peierls, um conhecido físico e detentor de um Prêmio Nobel.

Em 1958, três anos depois de ter começado a lecionar em Bristol, recebi um convite para passar um ano na University of California em Berkeley. O convite chegou em boa hora. Mary havia me deixado, restava pouca coisa que me prendesse em Bristol. Aceitei, fiz minhas malas, tomei um trem para Southampton e um navio para Nova York. De lá fui a Pittsburgh visitar Adolf Grünbaum e a Princeton para uma conferência. Cheguei no início da noite, dei umas voltas, achei um cinema e assisti a *A mosca* – uma introdução apropriada à minha longa aventura americana.

10 Berkeley – os primeiros vinte anos

Passei quarenta anos de minha vida em países de língua inglesa, 32 dos quais nos Estados Unidos. A cultura austríaca – seja isto o que for – afetou-me muito pouco. Meus pais vinham do campo, meu pai da parte germano-eslovena da Caríntia. Nasci e cresci em Viena e fui a escolas vienenses. Quando era pequeno, porém, meus pais me mantinham afastado das ruas, e quando cresci eu mesmo fiquei longe delas. Exceto a participação no coral, visitas à ópera ou a cursos de astronomia, eu ficava em casa lendo – livros de aventuras, histórias de amor, de mistério, peças e, mais tarde, livros sobre ciência e filosofia. Os romances e peças eram escritos por alemães (Goethe, Karl May) ou eram traduções. O que me interessava era a ação, não o estilo ou os personagens. Poder-se-ia dizer que absorvi uma pequena seção da literatura mundial – nada especificamente austríaco. O dialeto vienense me desagradava e eu falava alemão neutro ou alemão teatral com pronúncia prussiana. Com a leitura de revistas culturais do período nazista como a *Das Reich*, senti o gosto da "mente alemã" – mas a impressão não durou. Além disso, não me interessava pelos livros ou imagens que estavam no centro das polêmicas. Minha permanência no exército – três anos, de 1942 a 1945 – foi uma interrupção, um aborrecimento; esqueci tudo aquilo no momento em que acabou. Logo, eu já não podia imaginar ter sido um soldado, depois um tenente e então o comandante de um batalhão inteiro subindo o descendo os campos russos. Teria sido um sonho? Teria sido realidade? Como consegui sobreviver? Na verdade guardei uma lembrança – permaneço ainda um manco, que precisa de uma bengala para andar. Mas acostumei-me também com esta dificuldade. Hoje fico maravilhado diante do fato de as pessoas poderem ficar em pé e caminhar sem a ajuda de nenhum apoio extra, é a condição delas, e não a minha, que parece exigir uma explicação.

Quando cheguei à Inglaterra dei-me conta, certamente, de que estava num país estrangeiro; a língua era diferente, bem como o dinheiro. Mas as pessoas pareciam ser mais ou menos as mesmas e os livros que eu lia – os romances, as peças, os livros de física e filosofia – não me abriram novas perspectivas culturais; apenas somavam-se ao que eu já tinha absorvido. A América foi o primeiro país que me deu uma vaga ideia do que pudesse ser uma cultura – e com "cultura americana" não me refiro a Thoreau, Dewey, James, Stevens ou Henry Miller, mas a Holywood, *vaudeville*, musicais, luta-livre, *soap-operas*, comédias-pastelão, Spillane, Chandler, Hammet – em suma, *show business* e *pulp*. (Mais tarde acrescentei pluralidade cultural e racial; uma das razões de eu não querer voltar à Europa era a monocromia dos europeus.) Eu lamento ter abandonado tudo aquilo – a língua, o humor, a maneira casual de abordar um assunto, o estranho mundo que sustinha um Mack Sennet, um Joe McCarthy, um Busby Berkeley e um George Bush. Pouco a pouco devo esquecer – primeiro os sentimentos, depois as imagens, e então até as palavras e uma grande parte de mim se esvanecerá sem deixar vestígios. E, contudo, eu muitas vezes quis ir embora.

Há umas semanas achei alguns cadernos com anotações cobrindo parte do período de 1960 a 1972. Como outros documentos, eles sobreviveram por puro acaso. São comentários sobre peças, filmes, concertos, óperas, longos excertos de livros e descrições de pessoas que conheci. Resenhas detalhadas de apresentações e livros alternam com relatos de meus humores em estilo fluxo de consciência; comentários como "Tenho que sair de Berkeley"; "Não posso ficar mais aqui"; "Isto é um deserto cultural – estou sufocado" aparecem em quase todas as páginas, especialmente depois de visitas a

Londres. Adaptei-me muito lentamente ao estilo de vida californiano. E na verdade eu ainda hoje poderia estar na Califórnia, e poderia ter sido enterrado, queimado ou devorado se não tivesse sido expulso pelo terremoto de outubro de 1989. Cheguei em setembro de 1958. Ernie Adams, um futuro colega, apanhou-me no aeroporto. Fomos de carro até sua casa, jantamos e passei a noite lá. Discutimos sobre *Esperando Godot*; ele exaltava a peça, que para mim era uma droga. No dia seguinte, consegui um quarto malcheiroso numa casa de cômodos na Telegraph Avenue. Por dar mais importância à praticidade do que à elegância, eu poderia ter ficado lá por anos – mas Margo não concordou. "Ou você arruma outro lugar, ou não me vê mais." Pus-me a procurar e encontrei um pequeno apartamento sobre uma garagem de fundos em Hillegass. A situação era perfeita. Eu tinha uma casa só minha e era protegido dos ruídos da rua que me perturbavam no hotel. O aluguel – 80 dólares – é inacreditável hoje em dia. Mudei-me novamente quando a senhoria pediu o imóvel. Depois de uma breve estada em Benvenue, aluguei uma enorme caixa de madeira no 6041A da Harwood Avenue em Oakland. Eu tinha um mezanino para a cama, uma grande área de trabalho embaixo, janelas enormes e um quintal nos fundos. Em 1969/1970 comprei minha primeira casa nas colinas em torno de Berkeley. Eu morava no andar de baixo enquanto alguns inquilinos, deixados pelo antigo proprietário, ocupavam a parte de cima. Depois de algumas semanas descobri que tinha companhia – um rato que vivia bem sob minha cama. Lembrando que Lenin tinha chamado Kautsky, o socialista austríaco, de rato, Robin batizou meu rato de Kautsky. Logo Kautsky estava me dando nos nervos e tratei de espalhar veneno pela casa. Kautsky desapareceu mas um fedor insuportável vinha de seu lugar. Chamei um perito em ratos. Era um jovem com um equipamento impressionante – um engenheiro de ratos, não menos. Ele olhou em torno. "Talvez tenhamos que abrir as paredes", disse ele. Chamei outro perito. Este não tinha nenhum equipamento mas parecia um rato. "Os ratos enganam", disse ele. "O cheiro vem de um lugar, mas o rato está em outro." Ele desapareceu e em poucos minutos voltou com Kautsky, ou o que restava dele. Logo deixei a casa – ela ficava na via principal e era muito barulhenta. Ainda tenho a casa que comprei depois – 1168 Miller Avenue – mas espero vendê-la, por um bom preço, num futuro não muito distante.

Margo, a quem se deve o início de todas estas mudanças, era filha de um de meus colegas. Conhecemo-nos numa festa departamental, íamos ao cinema, ao teatro e para a cama. Seus pais, especialmente sua mãe, pareciam gostar de mim, mas por algum motivo eram contra nossa relação. Mais de uma vez tive que me esconder em lugares escuros quando o pai visitava sua filha. Margo adorava o campo. Ela me levou a Yosemite e Lake Tahoe e ensinou-me a boiar nos lagos frios da montanha perto do Desolation Valley. Passamos uma semana em Inverness, alguns dias perto de Mount Tamalpais e muitas horas em minha casa em Hillegass. Margo era alta, loura, linda. Ela conhecia numerosas canções *country-western* e as cantava em casa ou ao dirigir. Ela tinha desejado estudar matemática, mas seus pais intervieram: a matemática simplesmente não era apropriada para uma mulher. Mago estudou, então, história e literatura. Preparando-se para os exames, passou noites em claro lendo livros aborrecidos escritos por indivíduos ainda mais aborrecidos. Não adiantou – Margo foi reprovada, malgrado sua inteligência. Ela era bloqueada também em outros sentidos. De fato, poder-se-ia dizer que Margo era uma garota problemática, embora nada disso aparecesse em seu comportamento fora da escola ou em seu papel de filha. Ela era espirituosa, uma excelente interlocutora, racional (na verdade muito mais racional do que eu) e muito, muito esperta. Ela acabou mudando-se para o Leste, casou-se com alguém que (na opinião dela) revelou-se um verdadeiro babaca e atualmente dá ajuda prática e moral a pessoas em situações difíceis. Encontramo-nos novamente em 1988, demos um longo passeio juntos nas colinas de Berkeley e conversamos como se nunca tivéssemos nos separado.

Quando meu prazo de *visiting professor* terminou, a administração decidiu contratar-me. Eles também solicitaram para mim residência permanente – o famoso *Green Card*. Para obtê-lo, eles tiveram que alegar que ninguém nos Estados Unidos ultrapassava-me em minha especialidade. Eu me perguntava frequentemente qual seria a razão de meu sucesso. Minha boca grande certamente tinha um papel nisso, mas me parece que algumas coisas que eu publicara eram ainda mais decisivas. Havia o meu monstrengo wittgensteiniano. Eu não o escrevera para publicação, apenas para esclarecer minha mente; mas Anscombe o havia entregue a uma conceituada revista filosófica, ele foi aceito e impressionou algumas pessoas. Havia também trabalho de uma área completamente diferente: um ensaio sobre a prova e outro sobre a teoria da mensuração de von Neumann. Nenhum dos dois era muito original ou particularmente profundo – mas foram lidos e comentados (cheguei a receber uma carta de Carl Friedrich von Wezsäcker, que discutira os ensaios em seu seminário). Os ensaios que eu escrevera para a Aristotelian Society eram diferentes, em estilo e conteúdo. Um era uma versão condensada de minha tese, que por sua vez era uma versão condensada das discussões no Círculo Kraft. No outro, eu usava o truque que já usara com Wittgenstein em Nils Bohr – um pensador difícil e muito mais fugidio. Finalmente, havia uma curta nota, em inglês, sobre o assim chamado paradoxo da análise. Estando agora familiarizado com os procedimentos acadêmicos – quanto mais ensaios você rabisca, melhor –, escrevi uma versão alemã e a enviei à *Kantstudien*. A versão alemã diz exatamente o mesmo que a inglesa, mas com as partes do argumento trocadas entre si. Um filósofo, esqueci quem, leu ambos os ensaios e comentou meu "desenvolvimento". Eu tinha agora então dois ensaios e um desenvolvimento – um grande acréscimo à minha reputação. Durante uma visita à Cornell University, foi-me oferecido um posto de professor associado em caráter permanente. Para não ficar atrás, a Califórnia também ofereceu o mesmo. Recebi uma bolsa da Fundação Fulbright e um convite, com apoio econômico da National Science Foundation, para o Minnesota Center for the Philosophy of Science. Aceitei a proposta de Berkeley, declinei da bolsa da Fulbright, pedi um afastamento, obtive e passei meu primeiro semestre regular de Berkeley em Minneapolis.

Naquela época, o Minnesota Center era uma das mais destacadas instituições no campo. Tinha um pessoal fixo, um grupo móvel de visitantes e organizava conferências em Minnesota e em outros lugares. Quase todos os filósofos da ciência de minha geração estiveram lá no início de suas carreiras e todos receberam impulso decisivo para seus trabalhos. Eu havia conhecido o diretor, Herbert

Feigl, em Viena, e nos tornamos amigos. Feigl era o principal relações públicas do empirismo lógico nos Estados Unidos. Estando ciente das superposições com outras escolas, e percebendo seu potencial propagandístico, ele reuniu um pessoal preparado, introduziu o termo "filosofia analítica" e usou o Centro como um lugar de intercâmbio para estudiosos de todos os campos. Ele era alto, com um ar distinto, um olhar vago e um talento para frases curtas e penetrantes. Algumas pessoas, de Santillana entre elas, o criticavam por ser repetitivo e retrógrado. Popper dizia que *"er ist in seiner Entwicklung stecken geblieben"*. A acusação de repetitividade pode ser correta – ela se aplica a todo vendedor de ideias. (Ela certamente se aplica a Popper.) Quanto a ele ser retrógrado, não faz o menor sentido. Feigl tem importantes contribuições à filosofia no sentido tradicional, não positivista. Ele foi um dos poucos filósofos da ciência que enfrentaram os problemas específicos dos psicólogos e psicanalistas e mudou a filosofia empiricista da ciência ao combiná-la com uma grande dose de realismo. Ensaios como *De principiis non est disputandum...?, Existential Hypotheses* e suas numerosas tentativas de esclarecer o problema mente-corpo estiveram na linha de frente da pesquisa e continuam a ser influentes.

Eu via Feigl quase todos os dias. Encontrávamo-nos no almoço, conversávamos longamente à tarde e com frequência jantávamos juntos, com Grover Maxwell, Paul Meehl e vários visitantes. Às vezes formávamos uma espécie de espetáculo filosófico: Feigl representava a voz da razão, enquanto eu defendia concepções mais extravagantes. Depois de debatermos diante da audiência atônita, recolhíamos nossa recompensa e íamos a um restaurante nos divertir. Até meus sonhos contribuíam para nossos debates. Feigl acreditava em afirmações irrefutáveis. Ele dizia, o que de qualquer modo parecia óbvio, que diante de uma sensação de dor ele sabia diretamente e com certeza estar sentindo-a. Eu discordava, mas tinha apenas objeções gerais a propor. Uma noite, porém, sonhei que estava tendo uma sensação muito agradável na perna direita. A sensação aumentou de intensidade e cheguei a ficar semiacordado. Ela aumentou ainda mais. Despertei e descobri que tratava-se de uma forte dor o tempo todo. *A própria sensação me disse* que ela era uma sensação de imensa dor que eu tomara erradamente por uma sensação de prazer. Minha contribuição em alemão, que escrevi para uma *Festschrift* em homenagem a Viktor Kraft, *Das Problem der Existenz theoretischer Entitäten*, reflete todas as vicissitudes de nossas discussões sobre a realidade.

Grover Maxwell, o segundo no comando, começara como estudante de química industrial. Ele mudou para filosofia, tornando-se um estudante numa idade em que outros já têm a segurança de um emprego bem remunerado, e abriu seu caminho para o topo da profissão. Ele acrescentava uma perspectiva interessante e muito necessária a um empreendimento que até então usava a física como seu paradigma de ciência. Grover era do Tennessee. Falava lentamente e de modo hesitante, com uma expressão severa no rosto. Muitas vezes achei que ele estava prestes a me acertar um soco – mas tratava-se de sua expressão amigável. Ele acabou tornando-se o sucessor de Feigl. Morreu muito cedo.

Hill, um físico teórico, demonstrava que a maioria dos exemplos que os filósofos da ciência usavam para apoiar suas concepções era quimera. Assim, a mecânica clássica não "derivava" de modo algum da mecânica quântica para valores pequenos da constante de Plank, a teoria da elasticidade não era uma extensão da mecânica clássica, que por sua vez não era um corpo unitário mas uma coleção de diferentes abordagens e assim por diante. Hoje estas coisas são bem conhecidas. Na década de 1950 nem mesmo os cientistas estavam conscientes delas.

Paul Meehl estava interessado no problema da mente-corpo e na relação entre teoria e experimento. Os positivistas eram favoráveis a uma concessão do significado, que Meehl denominava "filtragem de baixo": os enunciados de observação (que colocamos embaixo em nossos diagramas) são dotados de significado, o que não se dá com os enunciados teóricos tomados em si, mas que recebem significado por meio dos vínculos lógicos que os ligam aos enunciados de observação. Retomando a direção de meu ensaio de 1958, eu argumentava que os significados transitam na direção oposta. Os dados sensoriais, em e para si, não têm significado algum; eles apenas são. Uma pessoa que recebesse apenas dados sensoriais e mais nada ficaria completamente desorientada. O significado vem das ideias. O significado, portanto, "filtra do alto", do nível teórico para o nível da observação. Hoje eu diria que ambas as posições são um tanto ingênuas. O significado não está localizado em algum lugar. Ele não guia nossas ações (pensamentos, observações), mas emerge no curso delas e pode estabilizar-se a um ponto em que a suposição de uma localização começa a fazer sentido. Isto, contudo, é um desarranjo, e não um fundamento. Retornei ao Centro com frequência, às vezes por um semestre, em outras ocasiões por uma semana ou mesmo um dia, quando a caminho da Costa Leste ou da Europa.

Em 1960, finalmente comecei a lecionar em Berkeley. Aos fins de semana e durante as férias eu viajava para o sul, para Santa Barbara, San Bernardino, até o Pomona College, USC e UCLA, e para o leste, para Boston e Pittsburgh. Tarski, Mostovsky e Carnap assistiram a uma conferência que dei na UCLA. Depois da discussão, Carnap veio até mim e disse: "Eu estava receoso de conhecê-lo: achava que você era um tipo arrogante, mas no momento em que você entrou na sala de conferências percebi que não o é". Levei algum tempo para descobrir a razão desta afirmação insólita. Em 1957, depois de minha primeira visita ao Minnesota Center, eu começara a me corresponder com Feigl. Minhas cartas eram de natureza pessoal mas continham observações impertinentes sobre coisas que eu tinha lido, inclusive ensaios de Carnap. O que eu não sabia é que toda carta que tivesse, ainda que o mais ligeiro, conteúdo intelectual era imediatamente copiada e enviada às pessoas comentadas. Estas enviavam respostas que, por sua vez, eram copiadas e postas em circulação. Sem saber quem tinha escrito as respostas, eu escrevia réplicas ainda mais agressivas. É natural que Carnap me tivesse como um criador de casos.

Depois da conferência, Carnap convidou-me para jantar. "Vamos conversar sobre assuntos pessoais", sugeriu ele, "um debate intelectual a esta hora da noite me deixaria insone." No dia seguinte, ele me levou de carro ao aeroporto – sua mulher guiando, enquanto ele me fazia companhia no banco de trás. Falou sobre psicanálise. "Já fui mais crítico dela", disse; "mas agora que tenho certa experiência pessoal acho que ela não é tão completamente desprovida de conteúdo." Encontrei Carnap novamente em 1964, em Alpbach. Naquele ano tive um seminário junto com Feigl. Soubemos que

Carnap havia chegado. Como é possível?, nos perguntamos. Em Los Angeles Carnap era completamente dependente de sua mulher; ele nem podia levantar da cadeira sem o seu auxílio. Mas soubemos também que Ina tinha morrido e imaginamos como Carnap estava se saindo. Ele estava perfeitamente bem, num humor excelente e mais do que disposto a participar de nossos debates. Congratulou--me depois de uma das minhas apresentações. Eu não estava convencido de que tinha ido bem. "Pode confiar em mim", disse Carnap. "Eu entendo de clareza." Mais tarde, num debate monstro sobre epistemologia, comparei a filosofia de Aristóteles à do Círculo de Viena. A filosofia de Aristóteles, eu disse, foi frutífera – ela ajudou a começar algumas ciências e a enriquecer outras. Ernst Mach ainda fez contribuições para as próprias ciências, não apenas à retórica sobre elas. O Círculo de Viena, contudo, meramente comentou o trabalho já feito; foi estéril, de um ponto de vista científico. Ou, como o formulou Ernst Bloch de sua maneira colorida: *"Die Philosophie ist aus einer Fackelträgerin der Wissenschaft zu ihrer Schleppenträgerin geworden"* ("Tendo transportado a tocha da ciência, a filosofia transporta agora sua cauda"). Carnap não fez objeções mas enfatizou as vantagens da clareza. Ele era uma pessoa maravilhosa, gentil, compreensiva, nem um pouco seca como pareceria por alguns (não todos!) de seus escritos e pela sua reputação como um superlógico.

No decorrer dos vinte anos que se seguiram, casei-me (pela terceira vez), retomei o canto (com Ina Souez, uma das "Glyndebourne Stars" de Fritz Busch – mais tarde, quando Ina mudou-se para Los Angeles eu voava para lá uma vez por semana), adquiri e perdi uma reputação de médio porte na filosofia da ciência, arrumei empregos (permanentes ou contratos) em Auckland, Berlim, Londres, Yale, Sussex, Kassel, onde fiquei poucos meses e renunciei. Deparei com a revolução estudantil em Berkeley, Londres e Berlim; tornei-me conferencista especial para o Council of Philosophical Studies em Stanford e comprei um cão. Vi Gobbi como Scarpia, Jack Rance, Boccanegra (um desempenho fantástico de um papel extremamente difícil), Nabucco e Jago, Sutherland como Lucia e também num concerto, Schwarzkopf em *Così fan tutte* e num concerto ("ela canta como se estivesse recebendo visitantes em seu *boudoir*", eu disse para Barbara); visitei o famoso doutor Moses que, além de tratar dos medos e indisposições de famosos cantores com remédios, bebidas e mentiras, agora cuidava também de mim; e deparei com meu primeiro Busby Berkeley, durante uma apresentação das Cockettes, um grupo de travestis de São Francisco. Uma tela foi descida até o palco e as luzes apagadas. A tela está escura e ouve-se uma canção distante. Surge um pequeno ponto de luz, cresce, torna-se um rosto humano, cantando. O rosto aumenta de tamanho, inclina-se para trás, desintegra-se, as partes juntam-se de novo e estamos na Broadway. Um relógio mostra as horas. As pessoas voltam do trabalho, alimentam seus animais de estimação, vão dormir; outras se preparam para um novo dia, vestem-se, comem, saem – há as ruas, o trânsito, os locais de trabalho. O cantor volta e estamos num clube noturno. Os clientes conversam, bebem, dançam. A velocidade da dança aumenta, entram novos dançarinos, agora até o chão começa a se mover – está escurecendo, a câmera sobe, há novamente o relógio, as pessoas voltam do trabalho, vão para a cama, as paredes de suas casas se desintegram, se recompõem, os rostos reaparecem, deslocam-se, vão ficando menores, cada vez menores, apenas um ponto de luz é deixado, agora a luz também se foi, as notas finais da canção e – acabou. "O que foi isto?", exclamei. "Busby Berkeley", disse Mara – a *Lullaby of Broadway* das *Golddigers* de 1935 com Wini Shaw. Que talento extraordinário! Daí em diante procurei ver todos os filmes que Berkeley fizera. Eu ia regularmente a um cinema na Telegraph Avenue que exibia filmes dos anos 30 e 40. Uma vez, em Auckland/Nova Zelândia, vi um festival de cinema inteiro – três dias, sete horas por dia. "Nós", isto é, Robin, que começou como meu assistente de ensino e acabou tornando-se um amigo para toda a vida e a *entourage* de Robin (garotas, rapazes, cães – mas principalmente garotas), íamos a muitos eventos, inclusive o *All Star Wrestling*. Eu conhecia a luta-livre pela TV, mas ao vivo, no Cow Palace, era uma experiência nova. Já de longe se podia ouvir o rumor da multidão. Velhinhas jogavam seus tricôs no ringue aos gritos de "Mata! Mata!". Casais chegavam em seu Buick ou Ford; olhavam firmes para a frente ao chegar, continuavam olhando para a frente durante os primeiros minutos, pouco a pouco eles se fundiam, ficavam atentos, erguiam os punhos em uníssono, sorriam um para o outro e podiam estar tendo o primeiro contato real em semanas. Como todos, eu tinha meus heróis; eu tremia quando eles estavam em dificuldades e ficava aliviado quando venciam. No Havaí, onde Robin trabalhou um tempo e onde parei quando ia à Nova Zelândia, conheci alguns deles em pessoa. Mas então Robin convenceu-me, pela palavra e por demonstração, que era tudo montagem: o resultado era determinado de antemão, o sangue artificial. Ainda não o perdoei.

Eu tinha duas conferências-padrão, uma sobre filosofia geral, a outra sobre filosofia da ciência. Dirigia também um seminário, para o qual eu convidava os participantes a colocarem suas próprias ideias: uma novidade em termos da prática acadêmica normal. A maioria de meus colegas transformava os seminários em meios para divulgar suas concepções ou as concepções da escola a que pertenciam. O tópico e a longa bibliografia eram publicados de antemão. Nem todos podiam participar e os que participavam tinham que trabalhar em projetos bem definidos. Eu preferia um procedimento mais informal. Alguns seminários eram excelentes, outros um horror. Ocasionalmente eu especificava um tópico. Uma vez foi Aristóteles. Burnyeat estava presente e parecia divertir-se. Alguns anos mais tarde foi o *Teeteto* de Platão. Fiz uma introdução geral e me estendi sobre a teoria da visão de Platão. Desta vez, Gregory Vlastos estava presente e pareceu impressionado. Entretanto, não gostava de figurões em meus seminários – eles sempre faziam-me sentir tolo. Eles levavam as ideias a sério, enquanto eu apenas procurava me desembaraçar delas.

Eu mal preparava minhas conferências; fazia algumas anotações e esperava que a retórica me transportasse. O método funcionava em minhas viagens de conferências. Mas preencher espaço com ruído por um semestre inteiro era uma outra questão. "Como você faz?", perguntou Robin; "três vezes em três aulas você disse exatamente o mesmo. Até as piadas são as mesmas. Contudo os estudantes ficam imóveis e boquiabertos, ouvindo como se fosse uma revelação." Com frequência eu dizia aos estudantes que podiam ir para casa – os resumos oficiais conteriam tudo de que eles precisavam. Como resultado, uma audiência de 300, 500, até 1.200, encolhia para 30 a 50. Aquilo não me agradava; eu preferia uma audiência maior – e no entanto repeti minha sugestão até que a administração interveio. Por que eu fazia aquilo? Por antipatizar com o sistema de exames que abolia a distinção entre pensamento e rotina? Por desprezar a ideia de que o conhecimento era uma habilidade que tinha que ser adquirida e estabilizada por meio de exercício rigoroso? Ou por ter pouca estima pelo meu próprio desempenho? Todos estes fatores podem ter tido um papel. Eles se dissolveram e eu mudei o regime em 1975, quando, por alguma razão que não chegou a ser identificada pelos médicos, fiquei tão fraco que mal podia ficar em pé. Comecei então a preparar-me, escrevia por extenso os pontos principais, dava todas as aulas (quando estava bem não chegava a dar um terço delas) e contava algumas histórias excelentes e absolutamente inéditas.

Na época da assim chamada revolução estudantil, discuti as filosofias que acompanharam os primeiros movimentos revolucionários. Minha lista de leituras incluía Cohn-Bendit, *O esquerdismo – Doença infantil do comunismo*, de Lenin, ensaios de Mao e *Sobre a liberdade*, de Mill. Eu pedia aos estudantes para dar palestras ou preparar demonstrações em vez de escrever trabalhos e convidava gente de fora para apresentar seus pontos de vista. Um estudante que explodira transformadores explicou seus motivos no seminário. "O que não é para mim é contra mim!", gritou. "Vocês brancos não são sequer humanos!", disse um negro, Nehemiah Pitts, durante uma de minhas aulas, depois da qual o cercamos para falar – estudantes, assistentes de ensino e eu – ; não discutimos, apenas conversamos. Como muitas pessoas, algumas delas famosas (Lenny Bruce, por exemplo, ou Artaud), Nehemiah parecia estar sob imensa pressão, causada por uma situação que era de fato desumana.

Via-se cada vez mais rostos negros em minhas aulas (num percentual bem maior do que no *campus* hoje) e eu estava sempre confuso. Deveria continuar alimentando-os com os manjares intelectuais que eram parte da cultura branca? Eu lecionava, era um professor universitário, havia acumulado informação sobre todo tipo de coisa, tinha opiniões claras sobre uma variedade de assuntos e pouco respeito pelos luminares de minha profissão. Mas agora eu me sentia ignorante e deslocado. Uma negra atraente e enérgica convidou-me para ir à sua casa conhecer sua família. "Tenha cuidado", disse ela. "Minha filha percebe uma farsa na hora." Declinei do convite. Queria explicar a ela que o motivo não fora presunção, mas timidez. Eu compreendia por que os estudantes saudavam Huey Newton, Bobby Seale e seus seguidores como se fossem deuses. Malcolm X veio e fez um discurso razoável. Ele estava vestido como um homem de negócios, bem-arrumado, com uma maleta contendo seus papéis. Li sua *Autobiografia* (escrita por Alex Hailey que mais tarde escreveu *Raízes*) e senti simpatia, até amor, por ele, e uma necessidade de contribuir, ainda que apenas um pouco, para a vida deste ser humano extraordinário.

Aceitando um convite meu, estudantes vietnamitas explicaram a história de seu país e as razões para a resistência. Um grupo de *gays* descreveu como se sentiam vivendo como minoria num mundo de heterossexuais ignorantes e presunçosos. Jan Kott, cujo *Shakespeare nosso contemporâneo* esteve na minha lista de leituras por anos, montou *Orestes* de Eurípedes. Orestes e Pylades apareciam em motocicletas, Menelau era um general, Tindareu um político sulista e Helena, bem, Helena era uma prostituta comum. "Ele deve ter mudado bastante o texto", eu disse a Alan, que supervisionara a montagem. "Ele não mudou uma só linha", respondeu--me ele. De qualquer modo, os papéis se encaixavam perfeitamente, como se a peça tivesse sido escrita nos dias de hoje. Kott, Alan e eu fomos também a San Francisco ver a montagem no bairro de Height/Ashbury. Kott parecia uma criança. Interessava-se por tudo e tratava os eventos mais comuns como se fossem mensagens de Marte.

Minha amiga Joan McKenna, uma boca grande com coração de ouro e bruxa autenticada, tentou um experimento. Tendo sido apresentada como conferencista convidada, ela falou por cerca de vinte minutos; então parou e pediu que fizessem perguntas. Suas respostas eram desagradáveis, improcedentes e autoritárias. Ninguém interveio. Pelo contrário –, as pessoas perto das vítimas afastavam-se um pouco, como se quisessem dizer que não tinham nada a ver com aquele fracasso. Então Joan revelou a farsa e seu propósito. "Vejam o que estão fazendo!", exclamou ela. "Eu dou respostas ridículas e autoritárias e vocês não apenas as engolem como tratam os únicos alunos suficientemente corajosos para resistir como fracassados. Não admira que um professor possa sair impune com qualquer coisa!" Em seguida discutimos como lidar com os bastardos da profissão. Suponhamos que um destes seres superiores diga coisas que soem tolas e incompreensíveis. O que fazer? Você levanta e pede esclarecimentos. Suponhamos que você é silenciado com um gesto autoritário. Bem, alguém mais se levanta e repete a questão: "Também não entendi". Mais zanga, mais sarcasmo. Um terceiro aluno se levanta. "Você está aqui para ensinar e não para zombar de nós; portanto, faça o favor de explicar." "Não seja insolente!" "Ele não foi insolente", diz um quarto aluno. "Ele pediu informação – e você não a deu", e assim por diante. Mais cedo ou mais tarde, eu disse, as respostas mudarão de teor. "Não podemos fazer isto", responderam alguns estudantes – "tiraremos notas baixas"; "Não faremos isto", disseram outros, "não vale o esforço."

Os estudantes que participavam do Free Speech Movement queriam mudar radicalmente aquele estado de coisas. Eles queriam transformar a universidade de uma fábrica de conhecimento (como a definira Clark Kerr, o presidente) em uma comunidade e um instrumento para o aprimoramento social. Suas ações afetavam até os mais tímidos, que se inflamavam, começavam a falar e tornava-se claro que todos tinham ideias interessantes que valiam a pena. Foi uma grande conquista quando a faculdade apoiou a posição dos líderes estudantis e forçou a administração a recuar. O movimento aparentemente alcançara seus objetivos. "Não vão ainda para casa!", disse Mario Savio, um dos líderes estudantis e um excelente orador – "ainda temos que lidar com a Guerra do Vietnã." Agora o movimento mudava de direção e tornava-se mais agressivo. Negros de Oakland aderiram e faziam discursos no *campus* falando de suas vidas aos estudantes brancos. Demonstrações anti-Vietnã espalhavam-se por todo o país. Mas na Califórnia, Ronald Reagan pôs fim às reformas. De certo modo, os revolucionários contribuíram para que ele o conseguisse. Estando preocupados com seus próprios problemas, mostrando um altivo desprezo pela classe média branca, que em muitos casos incluía seus pais e familiares, e gritando obscenidades em vez de explicações quando diante das câmeras de TV, eles alienaram grandes grupos de eleitores. Desnecessário dizer – Reagan foi quem lucrou mais com isto. Há duas semanas, vi um filme feito em 1990 com cine-jornais da época, reportagens locais e depoimentos de alguns participantes. Susan Griffin, uma importante feminista, escreveu parte do texto e fez parte da narração. É um documento excitante, mas também muito triste. O entusiasmo, a esperança por um novo tipo de academia desapareceram há muito tempo, substituídos pela letargia, preocupação com as notas e medo do futuro.

Nem sempre eu aceitava os conselhos dos líderes estudantis. Não participava, por exemplo, das greves que eles decretavam. Pelo contrário, pulava menos aulas durante a greve do que antes ou depois dela. "Você não tinha nenhuma solidariedade?", perguntou Grazia quando lhe contei. "Com os estudantes, sim; com os organizadores da greve, não. Eles pretendiam estar falando por todos os estudantes da mesma forma que Johnson pretendia estar agindo em nome de todos os americanos – o velho autoritarismo de novo."

Além disso, eu achava que uma greve de estudantes era uma coisa um tanto tola. Greves na indústria causam uma redução na oferta de alguns bens. Greves estudantis não passam de aborrecimentos. (A partir daí, mudei de opinião. Professores sem estudantes são tão inúteis quanto chaves de parafusos sem parafusos – e sofrem as consequências). Eu teria parado as aulas se meus alunos pedissem, mas quando eu perguntava, alguns diziam sim e outros não – e o resto do tempo passávamos discutindo a questão. Acabei indo dar as aulas fora do *campus*, primeiro nos alojamentos dos estudantes, depois numa igreja. Desta vez, foi a administração que pegou no meu pé – os professores deveriam dar suas aulas nas salas designadas. Consultei o regulamento, não encontrei esta regra e prossegui. Para alguns de meus colegas, John Searle especialmente, esta foi a gota d'água – queriam minha demissão. Desistiram quando constataram a papelada necessária (a burocracia tem suas vantagens).

11 Londres, Berlim e Nova Zelândia

No fim dos anos 60, eu ainda era um artigo muito comercializável. Recebi ofertas de Londres (cadeira em história da filosofia ou ciência), Berlim (uma nova cadeira em filosofia da ciência), Auckland/Nova Zelândia (um professorado – ou era uma cadeira? – em filosofia da ciência), fui convidado a tornar-me um *"Fellow"* do All Souls College em Oxford e tive uma prolongada correspondência com o economista e filósofo von Hayek sobre um possível emprego em Freiburg/Alemanha. Aceitei as primeiras três ofertas e declinei das restantes. Assim eu passava um semestre em Berkeley, um em Londres, novamente um semestre em Berkeley – e assim por diante. Enquanto estava em Londres, eu trabalhava também em Berlim – viajava de avião uma vez por semana. Em 1968, interpolei um semestre em Yale. Durante o verão no norte, eu ia à Auckland para o semestre de inverno. Cheguei até a considerar uma oferta da Georgia-Tech em Atlanta. Falei sobre bruxas e magos, dei uma olhada em possíveis moradias e segui para Londres. Para variar, disse não. Berkeley funcionava o ano todo e assim, com uma pequena folga entre o fim e o início eu podia estar em toda parte. Demiti-me de Berkeley em 1968, empacotei meus livros, enviei-os para Londres, passei meu apartamento para Barbara e segui para Minneapolis. Estava quente e ensolarado em Berkeley, e frio e úmido em Minneapolis. Fiquei no meu quarto no hotel vendo TV. Passava Pal Joey, onde aparecia uma parte de Bay Street que eu conhecia muito bem; era o lugar onde eu tomava aulas de canto. Fiquei com saudades, pedi para ser readmitido em Berkeley e fui aceito. Liguei então para São Francisco para não enviarem minhas coisas, fui para Boston e de lá para Londres. O reitor, Sir Ifor Evans, concordou em postergar a decisão final sobre a cadeira – e assim iniciou-se a sequência que descrevi acima.

Em Londres, fiquei no Georgian Hotel na Gower Street. Eu tinha um pequeno quarto com lavatório, iluminado por uma lâmpada presa por um fio. O banheiro ficava embaixo e o chuveiro no andar de cima. Um conhecido a quem eu ocasionalmente emprestava algum dinheiro mostrou o quarto aos seus amigos: "Aqui vive o sujeito que está financiando minha estada no Dorchester".

Eu ensinava na University College, uma vez por semana, das seis às oito, e na London School of Economics. Para variar, minhas aulas eram em sua maioria sobre casos específicos tirados da história da eletrodinâmica, da óptica e da teoria quântica. Repeti também a história da revolução copernicana que havia contado em Berkeley. "A ciência tem muitos furos", eu disse de passagem. "Uma trivialidade para quem conhece Popper", gritou Imre Lakatos, que vinha a todas as aulas. Aquilo me abalou, mas logo sorri do incidente. Lakatos usara um truque conhecido: supondo que sua audiência não conhece muito a história, você pode aumentar a estatura de um ano moderno atribuindo a ele antigas descobertas. No caso em questão, os antecessores eram claros – eram os antigos céticos. Infelizmente, isto só me ocorreu horas depois da aula.

A sala em que eu dava aulas na London School of Economics ficava do outro lado da janela do escritório de Imre. Na primavera e no verão, quando as janelas ficavam abertas, Imre podia ouvir tudo o que eu dizia. Sentindo ou simulando indignação com o rumo que ia tomando minha história (com Imre você nunca tinha certeza), ele abandonava os Grandes Pensadores que naquele momento encontravam-se com ele, vinha até minha aula e tentava corrigir as coisas. Li a primeira versão de meu escrito pró-anti-Kuhn no seminário popperiano presidido por Popper ("Não seja muito duro com Kuhn", disse-me ele) e presidi um outro encontro em que Imre apresentou uma primeira versão de seu ensaio "Metodologia dos programas de pesquisa científica".

Imre era um racionalista sofrível – ao menos era como ele se apresentava, como um cruzado da Razão, da Lei e da Ordem. Ele viajava pelo mundo todo tentando encorajar racionalistas hesitantes e recomendando sua metodologia como a poção miraculosa. Em uma de suas viagens – acabara de visitar Jensen em Berkeley, que era um alvo favorito dos estudantes radicais – ele parou em minha casa nas colinas de Berkeley. Spiro Latsis, que hoje é um magnata internacional da navegação e que na época escrevia sua tese com Imre, estava com ele e, sentado num canto, acariciava um rosário. "É assim que você sobrevive a este empreendimento?", perguntei. Ele limitou-se a sorrir. Imre convidou-me a ir com ele a Stanford, onde ia encontrar um monte de Gente Importante. "Por que eu deveria ir?", respondi. "Sei exatamente o que vai acontecer. Primeiro um pouco de chá; depois você e seu anfitrião encontram pessoas que ambos desprezam para falar delas e, tendo se reconfortado desta agradável maneira, passam a conversar sobre os melhores meios de apoiar a Razão, a Lei e a Ordem." Imre, contudo, não restringia seus esforços a potenciais convertidos. Ele queria iniciar um debate geral sobre os méritos do racionalismo. Ele comparecia a quase toda conferência importante de história ou filosofia da ciência; e insistiu para que eu fosse com ele. "Posso dormir em casa", respondi, "e com muito mais conforto." "Você estava certo", escreveu Imre quando terminaram as reuniões; "um bando de chatos incompetentes."

Quando eu estava em Londres, habitualmente visitava Imre, primeiro num pequeno apartamento em Hampstead, logo acima de Alastair Sim, depois em sua luxuosa casa em Turner Woods. Imre comprara a casa para fins de representação. Ela tinha uma cozinha, banheiros, uma grande sala de visitas e a biblioteca de Imre no segundo andar. Os visitantes eram levados primeiro ao jardim, em seguida alimentados e finalmente conduzidos ao segundo andar para a conversa séria. Eu era frequentemente chamado como convidado extra. Gostava do jardim e do jantar mas, antecipando o rumo da conversa (ver acima), eu ficava na cozinha e ajudava Gillian com os pratos. Alguns convidados ficavam perplexos.

Homens, acadêmicos em especial, deveriam envolver-se em debates, enquanto os pratos eram o domínio das mulheres. "Não se preocupem", dizia Imre – "Paul é um anarquista." Uma vez fomos ao teatro – Imre, sua namorada, Tarski e eu. Nada menos do que ao Old Vic. A peça era uma chateação incrível. No intervalo, convidei a todos para virem comigo ver *Cat Ballou* com Jane Fonda e Lee Marvin. Imre ficou escandalizado; "Paul, você é impossível", disse ele; "termos saído de um clássico para ver este lixo". "Mas eu gostei", disse Tarski, depois.

Imre e eu trocamos muitas cartas, sobre nossos negócios, enfermidades, irritações e sobre as mais recentes idiotices de nossos caros colegas. Tínhamos perspectivas, caracteres e ambições diferentes; contudo, tornamo-nos bons amigos. Fiquei chocado e furioso quando soube que Imre morrera. "Como pôde fazer isto comigo?", gritei para sua sombra. A Cambridge University Press quis publicar nossas cartas, mas não pôde: como de costume, eu jogara fora a parte de Imre da correspondência. Apenas alguns cartões postais sobreviveram como marcadores de livros, ou para cobrir buracos nas paredes de minha casa. Sempre senti que o racionalismo de Imre não era uma questão de convicção pessoal, mas um instrumento político que ele usava ou punha de lado, conforme a situação. De certo modo, ele tinha um senso de perspectiva. Ele admirava genuinamente Popper e queria formar um movimento em torno de sua filosofia. No fim, ficou decepcionado. "O que Popper fez a mais ou de mais novo que Duhem?", me escreveu num de seus últimos cartões postais. "Nada." Sinto falta até hoje deste indivíduo indignado, sensível, impiedoso, autoirônico, mas muito humano.

Eu via quase toda produção teatral e todo filme que era lançado. Aos fins de semana, eu começava à tarde. Primeiro um filme, depois uma matinê, em seguida um espetáculo noturno e, por fim, uma sessão de cinema da meia-noite. Certa vez, voltando de Berlim, fui ao Shaftsbury Theatre ver *Hair*. Era um espetáculo eletrizante. Fui especialmente atraído por uma morena vivaz que dançava como um tufão. Conheci-a no dia seguinte: Daniel Revenaugh, pianista, maestro, estudioso de Busoni, homem do mundo e meu vizinho em Berkeley encontrara-a no caminho ao vir almoçar comigo e a trouxera. Tratava-se de Rohan McCullough, filha do famoso coronel McCullough, cujas entrevistas radiofônicas durante a guerra já eram legendárias. Logo eu a estava esperando na saída do palco. Conversávamos um pouco e ela ia para uma de suas muitas festas. Uns dois anos mais tarde, uma vez em que eu me sentia entediado na biblioteca de Imre, telefonei para ela. Dali em diante começamos a nos encontrar frequentemente e íamos ao teatro, concertos, cinema e apresentações de ópera. Quando eu estava para deixar Londres, recebi uma mensagem de Revenaugh; ele precisava de minha casa em Berkeley para consolidar um caso amoroso e me oferecia uma soma considerável para emprestá-la. "Bem", disse a mim mesmo, "é hora de uma mudança", e mudei-me para o Blakes Hotel em Roland Gardens, em Kensigton – meu quartel-general durante os anos seguintes. Vi Rohan em Berkeley quando ela se apresentava com a San Francisco Symphony e em Zurich, onde ela interpretou Nerissa numa produção do Old Vic do *Mercador de Veneza*. Desde então, nos encontramos apenas uma vez, mas o amor e a amizade permanecem.

Em Berlim, eu tinha duas secretárias, uma para o alemão e a outra para o inglês/francês, e 14 assistentes. Aquilo criava um problema. Toda minha vida eu fora independente. O professorado não tinha mudado este hábito. Eu ainda escrevia todas as minhas cartas, inclusive as oficiais, postava-as e certamente escrevia eu mesmo todos os meus livros e artigos, desde o primeiro rascunho até a versão final. Nunca tive uma agenda de endereços nem uma lista de minhas publicações e jogava fora grande parte das cópias de meus artigos que eram publicados. Isto me punha fora do panorama acadêmico – mas também simplificava minha vida. Na Suíça, onde trabalhei por mais de dez anos, eu nem sequer tinha um escritório. "Sua estatura vai sofrer por isto", diziam alguns de meus colegas. Eu via as coisas de modo diferente – sem escritório, nada de horário de escritório, nada de perda de tempo. Agora eu tinha uma sala grande com uma bela escrivaninha, cadeiras antigas, uma antessala e uma secretária nela. Isto me deixou nervoso. Mas não por muito tempo. As secretárias logo estavam sendo usadas pelos meus colegas menos independentes e os assistentes – "Bem", disse a eles, "tenho 80 mil marcos para começar uma nova biblioteca – vão e comprem todos os livros que quiserem e dirijam quantos seminários preferirem. Não me perguntem nada, sejam independentes!". A maioria dos assistentes era de revolucionários, dois deles eram procurados pela polícia. E contudo eles não compraram Che Guevara, Mao ou Lenin – compraram livros de lógica! "Temos que aprender como pensar", disseram, como se a lógica tivesse algo a ver com isto!

A sala de aulas era abaixo do nível da rua; era cercada de janelas de vidro e vigiada por soldados armados do lado de fora. Eu me sentia como um peixe num aquário bem protegido. Quando a discussão passava para a política eu me retirava; "Tenho meus preconceitos", eu dizia – "um de vocês pode presidir". Era uma atitude politicamente correta (e, no que me toca, também a menos desgastante), mas estragava o debate; logo me chamavam de volta. Antes da aula eu comprava cerveja (ou café) e sanduíches (ou doces) para todos, sendo a distribuição feita pelos assistentes – parecia-me uma boa ideia na época. Jacob Taubes, um membro da faculdade inteligente e gentil, mas infeliz, Margherita von Brentano e Gretta Harden, uma cantora de ópera que eu conhecera em São Francisco, eram as únicas pessoas com quem eu tinha um contato mais íntimo.

Vi *Don Giovanni* e *Contos de Hoffmann* na Komische Oper de Felsenstein e *Coriolano* e *A resistível ascensão de Arturo Ui* pelo Brecht Ensemble. Felsenstein parecia pensar que estava produzindo o Verdadeiro Offenbach. Ele restaurara as passagens faladas, substituiu (no texto alemão) o espelho pelo diamante original (em alemão "*Scintille diamant*" torna-se "*Leuchte heller Spiegel mir*" e a ária é chamada a *Spiegelarie*), esclarecendo assim, acreditava ele, a referência implícita ao capitalismo e transformou Hoffmann num poeta puro incapaz de sobreviver num mundo cheio de cobiça. Isto, ao menos, é o que ele escreveu no texto do programa. No palco eu vi simplesmente outro Hoffmann, bêbado como sempre; interessante, sim, mas não especialmente envolvente.

Seu *Don Giovanni* era outra coisa completamente diferente. O tratamento de Felsenstein tornou-se agora lugar-comum: passagens orquestrais não paralisam a ação mas enriquecem-na. Toda uma peça, detalhada e bem articulada, precede a entrada de Elvira na segunda cena: Giovanni e Leporello dão uma olhada, retiram-se, chegam criados com guarda-chuvas, malas, caixas de chapéu, perdem o controle da carga, uma mala se abre, derrama seu conteúdo, o mordomo pede ajuda aos céus, despede o criado culpado, refaz a mala com suas próprias mãos mordômicas, enquanto os demais olham atônitos, ele os despacha de volta às suas tarefas e então, finalmente, entra Donna Elvira, elegante, ligeiramente aborrecida, com um ar altaneiro. É incrível o quanto pode caber naquelas poucas notas. Elvira permanece amuada durante o início da ária de Leporello – ela não quer ser incomodada com trivialidades, e por um mero criado; lentamente, muito lentamente, ela se dá conta do significado de tudo aquilo; ela está perplexa, incrédula, devastada – muitas atrizes copiaram a sequência, mas não com a eficácia com que a vi ser feita, há muito tempo atrás, na produção de Felsenstein. *Il mio tesoro* torna-se o canto de um galo – esta pelo menos foi minha impressão. A atuação foi excelente na ópera toda, o modo de cantar adequado, o que significa perfeitamente adaptado à ação.

Nunca gostei de *Arturo Ui*; o humor é tosco, a ação absurda, sem tocar o absurdo real da época. Mas a atuação de Ekkehard Schall transcendeu a maior parte destas imperfeições. *Coriolano*, por outro lado, foi uma revelação; a luta entre Coriolano e Aufidius reduzida a uma querela entre dois meninos crescidos, ridícula – exceto pelas vidas que custou. As cenas de batalha punham o palco todo em movimento, como se a terra estivesse a ponto de explodir em mil pedaços – e no meio de tudo, Calpurnia, fria, calculista, maravilhosamente interpretada por Helene Weigl. Vi a peça uma segunda vez, em Londres. Ela nada perdera de sua força.

Não sei o que me fez ir a Yale. Eu tinha sido convidado e me ofereceram um professorado integral, sim; mas por que aceitei? Foi uma perda de tempo. Dei o mesmo curso de Berkeley, e um seminário. O seminário foi assistido por Jeffrey Bub, que havia começado a publicar textos sobre variáveis ocultas, e por um grupo de sociólogos confusos e, me desagrada dizê-lo, relinchantes. Aborreci-me até as lágrimas. "Isto é culpa sua", disseram meus amigos. "Primeiro você denigre a razão e depois espera que as pessoas digam algo interessante." Eu via as coisas de outro modo. Nunca "denegri a razão", seja isto o que for, mas apenas algumas de suas versões petrificadas e tirânicas. Tampouco eu supunha que minha crítica pudesse ser o fim da questão. Era um começo, um começo muito difícil – do quê? De uma melhor compreensão das ciências, de uma melhor organização da sociedade, de melhores relações entre os indivíduos, de um teatro melhor, de filmes melhores e assim por diante. Artaud desprezava a ordem estabelecida, inclusive na linguagem, e no entanto ele sugeriu novas formas que inspiraram dramaturgos, produtores, filósofos, até hoje. Mas as pessoas que encontrava pareciam privadas de ideias concretas que lhes fossem próprias. Com apenas algumas exceções, elas concordavam com minha crítica; contudo, ao invés de mudar, ficavam sentadas chorando. No entanto, procurei uma casa, achei uma em Branford, perto de New Haven, e paguei um sinal. No fim do semestre, eu já estava cheio. Demiti-me, recebi de volta o sinal e voltei a Berkeley. A administração de Yale, que com tanto afinco tentara me capturar, estava bastante feliz de ver-me ir embora.

Fui duas vezes para Auckland, na Nova Zelândia – em 1972 e em 1974. A universidade havia anunciado uma cadeira, candidatei-me e fui aceito. Desta vez, eu tinha excelentes razões: queria me afastar da poluição do Hemisfério Norte. Fui também mais cuidadoso do que antes: mantive meu emprego de Berkeley e simplesmente acrescentei Auckland a ele. Gostei do cenário, das pessoas e até do meu trabalho. Eu tinha um apartamento no *campus*. Caminhando pela manhã eu ouvia os estudantes indo para as aulas; tomando sol ao meio-dia em meu terraço eu os via voltando. A biblioteca ficava a apenas alguns passos. Eu passava muitas horas lá, olhando os livros e fazendo anotações. Havia esquilos no telhado e um tuí nas árvores próximas. Levei um bom tempo para me dar conta de que os sons estridentes que enchiam o ar e as tonalidades semelhantes ao som de uma flauta que se seguiam vinham da mesma fonte. Eu ficava tonto olhando para o céu; em vez de saltar para a frente, o leão estava de costas. Voltando pelo Hawaí, notei um fenômeno interessante. Berkeley era certamente menos frenética que o leste – esta era outra razão por que eu desistira de Yale – e o Havaí era ainda mais tranquilo. Mas partindo de Auckland, a sequência se invertia. Comparada à Nova Zelândia, Berkeley parecia um hospício.

O ano de 1974 foi menos tranquilo. Apaixonei-me por uma canadense que havia sido modelo na Europa e agora usava o dinheiro para estudar filosofia. Tive uma espécie de premonição quando a vi em meu seminário. Ela era linda, inteligente, com um corpo de menino e, como se revelou, sem limites para fazer amor. Quando deixei Auckland, prometi voltar no verão (inverno no Hemisfério Norte). Em Sussex, um lugar que eu acrescentara depois que o período de hesitação em Londres tinha passado, adoeci; fiquei tão exausto que mal podia ficar em pé. Rohan recomendou seu curandeiro, Benno, um judeu húngaro corcunda. Benno não me aceitou de imediato – ele tinha que ter certeza de que eu responderia ao seu tratamento. Aplicou-me massagens, sugeriu algumas medidas dietéticas e testou o efeito. "Alguém no céu o está ajudando", ele disse e aceitou-me. O tratamento consistia de massagens prolongadas, monitoradas por medição do pulso e da pressão, sugestões dietéticas e tratamento dos pés. Para a massagem, Benno usava um óleo com ingredientes especiais – eles supostamente absorveriam as impurezas do meu sangue. E de fato meus olhos ficaram mais claros do que jamais tinham sido antes.

Benno era solitário, uma mistura de ódio e impotência. "Poucas pessoas valem o esforço; elas não têm senso de gratidão", dizia ele massageando um cão doente. "Os animais são diferentes." "O melhor seria matar todos os chineses", disse ele em outra ocasião, "simplesmente matá-los, todos eles." "Ontem minha irmã veio me visitar", contou-me ele um dia. "Ela morreu há muito tempo. Mas ontem a campainha tocou, era uma mulher, ela olhou para mim e foi embora. Era minha irmã." Benno parecia gostar de mim. Ele podia falar alemão comigo e fazer observações sarcásticas sobre aqueles ingleses que não tinham senso de cultura e, além disso, parecia perceber a grande quantidade de medo que eu trazia comigo. Logo me senti muito melhor. Eu precisava daquilo. Tive um choque quando Judith me escreveu contando que começara um caso. Não era minha reação habitual. No que me dizia respeito, o amor era um dom que se trocava livremente e não uma obrigação baseada em contrato ou em promessas. Mas fui pego desprevenido. Lembro-me de estar saindo do prédio da universidade em Falmer,

Sussex, respirando o ar frio e dizendo a mim mesmo: sou um ser humano, não um saco de gelatina, e vou superar isto.

Eu tinha muitos compromissos – mas ainda havia tempo para extras. Fui a Salzburg em 1964, a Bellagio em 1966, a um enorme congresso da AAAS (American Association for the Advancement of Science) em 1970 em Chicago e dei conferências individuais em Minneapolis, Pittsburgh, Delaware e em outros lugares. Lorenzen, a quem conheci em Salzburg, parecia concordar com minhas concepções. Ele certamente gostava de falar. "Aposto", eu disse a ele diante de um gravador que imortalizou nossa discussão, "que em qualquer ponto que eu ligar o gravador estará a sua voz." "De modo algum", disse Lorenzen. Rodei a fita, parei e liguei a máquina. Nada de Lorenzen. "Viu?", disse ele triunfalmente. Repeti a operação. Novamente nada de Lorenzen. "Eu estava certo", disse ele já com uma voz hesitante. Quando a terceira tentativa falhou, Lorenzen ficou realmente preocupado.

Passei uma belíssima semana em Bellagio com von Hayek, que eu conhecia de Alpbach, o historiador Butterfield, que era um dos professores que trabalhavam lá, e o escritor Robert Ardrey, que tornou-se um amigo íntimo. Ardrey era um dos intelectuais de esquerda que passaram à literatura nos anos 30. Ele estava então com duas peças na Broadway, na mesma semana, uma dirigida por Elia Kazan. Ambas fracassaram. Ele mudou-se para Hollywood e escreveu roteiros (*Karthoum*, por exemplo). Tendo interesse pela natureza humana, foi à África, onde Raymond Dart acabara de fazer surpreendentes descobertas. Ele acompanhou o debate e escreveu *African Genesis*, uma documentação interessante sobre a maneira como os cientistas transformam opinião em verdade. O livro é científico no sentido de que é crítico e abrangente. Mas foi escrito também com o ceticismo de um jornalista, não com a arrogância de um cientista.

Depois de Bellagio, o neurofisiologista Jung levou-me a Freiburg. Vimos a casa de Nietzsche em Sils Maria e outros locais históricos. A esposa de Jung era uma mulher imensa, gentil, mas um tanto agressiva – e Jung a obedecia a maior parte do tempo. Interessando-se pelo meu caso – afinal eu tinha consideráveis problemas neurológicos –, ele convidou-me ao seu consultório.

Tive dificuldades para entrar no instituto, pois o porteiro não acreditava que eu, com aquele aspecto de vagabundo, tinha um encontro com "Herr Professor". Tive dificuldades ainda maiores com as secretárias, que pareciam nutrir uma reverência temerosa por "Herr Professor". Finalmente, a porta de seu consultório se abriu e lá estava ele, um homenzinho por trás de uma imensa escrivaninha, esperando para cuidar de mim. Jung também queria que eu conhecesse Heidegger, que ocasionalmente vinha para o almoço. "Entretanto", disse ele, "você tem que refrear o seu sarcasmo" – ou algo assim. Declinei da oferta. Naquele ano, lecionei no curso de verão em Berkeley – uma hora por dia, durante seis semanas. Tendo escolhido como tema a história do dogma eclesiástico, li todos os livros relevantes que caíram em minhas mãos, especialmente Harnack. Parece que sua obra não foi ainda superada. Às vezes eu dava aulas de uma hora, às vezes apenas meia hora, outras vezes duas. Por que o dogma eclesiástico? Porque o desenvolvimento do Dogma da Igreja compartilha de muitas características com o desenvolvimento do pensamento científico. Encontrei tempo até para quebrar uma perna e ter cálculo renal. Levava uma vida plena. Contudo, no dia 10 de maio de 1967, escrevi em meu caderno de anotações: "Assim os dias passam um atrás do outro e não é claro por que se deva viver". Sentimentos como este têm sido companheiros fiéis de minhas aventuras.

12 *Contra o Método*

No fim dos anos 60 a editora inglesa New Left quis publicar uma coleção de meus escritos. "Por que você não escreve sobre aquilo que está dizendo aos seus pobres alunos?", perguntou Imre. "Daí eu respondo e nos divertiremos um bocado. Pessoalmente", acrescentou. "Eu preferiria a Cambridge University Press; eles são uma grande casa editorial e estão menos preocupados com a reputação do que uma pequena empresa, que apenas começou e anseia por respeitabilidade." (Imre tinha razão. A New Left substituiu meus coloquialismos de Berkeley por subentendidos britânicos e omitiu todas as piadas. Tendo perdido minha cópia do manuscrito, tive um bocado de trabalho para restaurar o texto.) "Mas", prosseguiu Imre, "Judith [a pessoa que me contactara] é uma boa moça, você fez uma promessa e portanto que seja pela New Left." Assim encorajado, comecei a preparar o *Contra o Método* (*CM*).

CM não é um livro, é uma colagem. Contém descrições, análises, discussões que publiquei, quase com as mesmas palavras, dez, 15, até vinte anos antes. Os argumentos em favor do pluralismo, por exemplo, podem ser encontrados nos *Delaware Studies for the Philosophy of Science* de 1963. Repeti-os com certos acréscimos em "Problemas do empirismo" de 1965, publicado nos *Pittsburgh Studies*. As observações sobre Galileu (sobre a dinâmica e o telescópio) apareceram primeiro em alemão, depois em inglês, como

"Problemas do empirismo, parte II", novamente nos *Pittsburgh Studies*. Em 1968, escrevi um ensaio intitulado "Contra o Método", que apareceu nos *Minnesota Studies* de 1970. Na conferência que precedeu a publicação eu sugeria que a teoria e a observação não eram entidades independentes vinculadas por regras de correspondência, mas formavam um todo individual. O argumento específico para este enunciado vinha de minha resenha de "A estrutura da Ciência", de Nagel, publicada no *British Journal for the Philosophy of Science* em 1964, o quadro geral vinha de minha tese de 1951 e do ensaio para a Aristotelian Society de 1958. O longo capítulo sobre a incomensurabilidade, finalmente, era o resultado de extensos estudos baseados, principalmente, em três livros: *Discovery of the Mind*, de Bruno Snell; *Principles of Egyptian Art*, de Heinrich Schafer e *Optics, the Science of Vision*, de Vasco Ronchi. Ainda lembro da excitação que senti ao ler Snell sobre a noção homérica de ser humano. Não se tratava de uma teoria formulada para ordenar um material independente, mas um conjunto de hábitos que permeava tudo – linguagem, percepção, arte, poesia, bem como várias antecipações do pensamento filosófico. Agindo de acordo com isto, os antigos gregos pareciam viver num mundo especial e autônomo.

Eu pensara em mundos como este por algum tempo, embora abstratamente e sem exemplos. Em 1952/1953, durante minha bolsa de estudos em Londres, eu lera *Philosophy and the Physicists* de Susan Stebbing. Stebbing descreve como um cientista e um "selvagem" (que é como membros de culturas não ocidentais eram chamados na época) veem um vaso. Para um cientista, o vaso é um pedaço de matéria posto em determinada forma. Para o selvagem, ele tem um significado mágico definido pela sua função ritual. Mas, diz Stebbing, quando o cientista e o selvagem olham só para uma parte da superfície do vaso, *eles veem a mesma coisa*. "Não", gritei, como por instinto, e tentei imaginar qual poderia ser a diferença. Eu estava intrigado com a ideia de Anaximandro de que o sol e a lua eram buracos numa estrutura negra que continha fogo. Anaximandro via a lua como um buraco ou estava apenas especulando? Segundo o *Peri tou prosopou* (*De facie quae in orbe lunae apparet*) de Plutarco, algumas pessoas interpretam a face como um distúrbio visual, enquanto para outras a lua é um brilho que emana de um único ponto luminoso. Perceberiam elas a lua desta maneira? E seria possível que percepções simples variassem desta forma tão drástica? Com frequência, enquanto passeava pelo campo, eu olhava para o disco prateado tentando firmemente fazer que ele parecesse um buraco ou um brilho: nunca consegui. As observações telescópicas de Galileu agora pareciam muito mais audaciosas do que ele jamais pensara. Elas não apenas aumentaram o conhecimento; elas mudaram sua estrutura. As discussões no Círculo Kraft e a tese que eu tinha escrito como resultado delas tinham muito a ver com esta tendência de ver rupturas onde os historiadores e os próprios agentes históricos têm o hábito de postular um desenvolvimento homogêneo.

Todas estas impressões, surpresas, ideias, reforços atrasados, ocasionalmente levantavam a cabeça, mas pareciam inaceitáveis quando as encontrava em outros: meu espírito polêmico estendia-se mesmo a ideias semelhantes às minhas. Por exemplo, critiquei o manuscrito de Kuhn de sua *Estrutura das revoluções científicas*, que li em torno de 1960 de uma maneira bem antiquada. No fim dos anos 60, ou no início dos 70, dei uma conferência pública em Hamburgo, com a mesa sendo presidida por von Weizsäcker. No seminário que se seguiu, repeti minhas razões para basear a pesquisa em conjuntos de teorias conflitivas. Tanto a confirmação quanto o conteúdo, eu disse, dependem de um confronto com alternativas (teorias de variáveis ocultas no caso da mecânica quântica). Von Weizsäcker respondeu com uma explicação detalhada dos problemas que haviam emergido, mostrou como estes problemas haviam sido atacados e resolvidos e em que medida as novas previsões tinham sido confirmadas. Em comparação com este rico padrão de fatos, princípios, explicações, frustrações, novas explicações, analogias, previsões etc., etc., minha reivindicação parecia rala e sem substância. Era bem argumentada, de fato, mas os argumentos vinham, por assim dizer, de outro mundo; eles não tinham conexão com a prática científica. Pela primeira vez, não só pensei na pobreza do raciocínio filosófico abstrato como a senti. Estes, então, eram alguns dos eventos que haviam me impressionado e algumas das opiniões que eu defendia quando comecei a compor minha colagem. Organizei-a numa ordem adequada, acrescentei transições, substitui passagens moderadas por outras mais violentas e chamei o resultado de "anarquismo". Eu adorava chocar as pessoas e, ademais, Imre queria que o conflito fosse claro, não apenas outra tonalidade de cinza. Hoje estou convencido de que não há só retórica neste "anarquismo". O mundo, inclusive o mundo da ciência, é uma entidade complexa e dispersa, que não pode ser capturada por teorias e regras simples. Já quando era estudante, eu zombava dos tumores intelectuais desenvolvidos pelos filósofos. Eu me enervava quando um debate sobre conquistas científicas era interrompido por uma tentativa de "esclarecer", em que esclarecimento significava tradução para alguma forma de lógica franca. "Vocês parecem eruditos medievais", objetei uma vez; "eles não entendiam nada, a não ser que fosse traduzido para o latim". Minhas dúvidas aumentavam quando uma referência à lógica era usada não apenas para esclarecer, mas para evitar um problema científico. "Estamos fazendo uma afirmação lógica", diziam os filósofos quando a distância entre seus princípios e o mundo real tornava-se óbvia. Comparado a esta ambiguidade, *Dois dogmas do empirismo* de Quine foi como uma lufada de ar fresco. Austin, que eu ouvira em Berkeley, dissolvia a filosofia de um modo diferente. Suas aulas (que foram posteriormente publicadas com o título de *Sense and Sensibilia*) eram simples, mas bastante eficazes. Usando o *Fundamentos do conhecimento empírico* de Ayer, Austin nos convidava a ler o texto literalmente, a prestar realmente atenção às palavras impressas. Nós o fizemos, e afirmações que haviam parecido óbvias e mesmo profundas subitamente deixavam de fazer sentido. Demo-nos conta também de que maneiras comuns de falar eram melhores, mais flexíveis e mais sutis do que seus substitutos filosóficos. Havia então agora dois tipos de tumor a serem removidos – a filosofia da ciência e a filosofia geral (ética, epistemologia etc.) – e duas áreas da atividade humana que poderiam sobreviver sem eles – a ciência e o senso comum.

Entretanto, a história não acabava aí. A ciência e o senso comum não são tão simples, autônomos e impecáveis como supunham os críticos de suas superestruturas filosóficas, eu inclusive.

Não há um senso comum, mas vários (discuti isto com Austin, mas não pude convencê-lo). Tampouco há somente uma forma de conhecimento – a ciência –, mas muitas outras e (antes de serem destruídas pela Civilização Ocidental) elas eram eficazes no sentido em que mantinham as pessoas vivas e tornavam compreensíveis suas existências. A própria ciência tem partes conflitantes com diferentes estratégias, resultados, ornamentos metafísicos. Ela é uma colagem, não um sistema. Ademais, tanto a experiência histórica como os princípios democráticos sugerem que ela deve ser mantida sob controle público. As instituições científicas não são "objetivas": nem elas nem seus produtos estão diante das pessoas como uma rocha ou uma estrela. Elas frequentemente fundem-se com outras tradições, são por elas afetadas e as afetam. Movimentos científicos decisivos foram inspirados por sentimentos filosóficos e religiosos (teológicos). Os benefícios materiais da ciência não são óbvios. *Há* grandes benefícios, é verdade. Mas eles trazem também grandes desvantagens. E o papel da entidade abstrata "ciência" na produção dos benefícios não é nada claro.

Que me seja permitido acrescentar que admiro enormemente Johann Nestroy, o autor austríaco do século XIX de comédias dialéticas. Seus dísticos, diálogos, monólogos e peças versam sobre situações perfeitamente comuns – mas as apresentam de uma perspectiva ligeiramente insólita. Isto provoca risadas – outra ocorrência comum, "normal". O que acho interessante é que em Nestroy a combinação de normalidades assume gradualmente uma feição sinistra. Meios extremamente simples (tais como mudanças do dialeto para o alto alemão e vice-versa) são usados para revelar simulações, trapaças e, talvez, uma duplicidade básica do mundo inteiro. Li quase todas as peças de Nestroy, mais de uma vez, e assisti a várias apresentações. Sempre me senti como se estivesse testemunhando um fenômeno muito especial, que poderia também ser aplicado ao jargão científico. Karl Kraus usava o fenômeno para mostrar a bestialidade incipiente por detrás de um anúncio, de um artigo jornalístico, de um raciocínio profundo. Como Austin, ele convidava as pessoas a lerem, literalmente, palavra por palavra, o que estava diante delas. Diversamente de Austin, ele encontrava não apenas falta de sentido, mas desumanidade.

Os dadaístas, de maneira semelhante, traziam pensamentos sublimes mas desumanos para a terra, e posteriormente para os esgotos de onde haviam emergido. Eles destruíam a linguagem que se permitira tais maquinações e a reconstruíam, revelando o que ela poderia ser quando usada simplesmente, e com imaginação. "Após seu diagnóstico", escrevi em *A ciência em uma sociedade livre*, "os exercícios dadaístas assumiram um outro sentido, mais estranho. Revelaram a semelhança assustadora entre a linguagem dos mais destacados viajantes do comércio intelectual – filósofos, políticos, teólogos – e os mais simples e grosseiros rumores. Os discursos de ode à honra, patriotismo, verdade, racionalidade, honestidade que vicejam em nossas escolas, púlpitos, reuniões políticas *fundem-se imperceptivelmente numa inarticulação*, não importa o esmero com que seus autores os embrulharam em linguagem literária nem o esforço com que tentaram copiar o estilo dos clássicos e, no fim, os próprios autores dificilmente se distinguem de uma manada de porcos grunhindo." A exemplo de Nestroy e dos dadaístas, evitei maneiras acadêmicas de apresentar uma concepção, preferindo locuções comuns e a linguagem do mundo dos espetáculos e da literatura popular. (Isto criou problemas com tradutores. Educados para achar ideias claras por trás de termos enigmáticos e confundir ideias com lembranças congeladas de *slogans* profissionais, eles transformaram meu texto em um cemitério.)

A colagem ficou pronta em cerca de um ano. Li dois conjuntos de provas e conclui que agora, finalmente, eu poderia cuidar de outras coisas. Afinal, eu dissera tudo o que sempre quis dizer. Eu estava muito enganado.

Passei então a debater com pequenos grupos de pessoas, a maioria amigos pessoais. Eles raramente concordavam comigo. Contudo, prestavam atenção e suas críticas ao menos eram dirigidas ao alvo certo. Ao ler as resenhas, pela primeira vez deparei com ignorância no estado puro. Não me dei conta daquilo de imediato. Tendo esquecido os detalhes de minha colagem e sendo muito preguiçoso para conferir, eu frequentemente aceitava a palavra de meus críticos. Assim, quando um autor escrevia "Feyerabend diz X", e então atacava X, eu supunha que de fato dissera X e tentava defender-me. Mas em muitos casos eu não dissera X, mas o contrário. Eu não ligava para o que havia escrito? Sim e não. Certamente eu não sentia o fervor religioso que alguns autores aplicam aos seus produtos – no que me dizia respeito, *CM* era apenas um livro: não se tratava das Sagradas Escrituras. Ademais, eu poderia me deixar facilmente convencer dos méritos de quase qualquer concepção.

Textos escritos, inclusive meu próprio texto, geralmente me pareciam ambíguos – significavam uma coisa, significavam outra; pareciam plausíveis, pareciam absurdos. Não é de estranhar que minha defesa do *CM* confundisse muitos leitores.

Muitos críticos me acusaram de inconsistência: sou um anarquista, disseram, e no entanto ainda argumento. Fiquei atônito com esta objeção. Alguém que se dirige a racionalistas certamente pode argumentar com eles. Isto não significa que *ele* acredite que argumentos resolvam um problema, são *eles* que o creem. Deste modo, se os argumentos são bons (nos seus termos), eles devem aceitar o resultado. Sempre me pareceu que os racionalistas encaram o argumento como um ritual sagrado que perde seu poder quando usado por um incréu. "Ele diz A", exclamavam os críticos quando eu formulava uma premissa que eles aceitavam e que produzia um resultado que eles não aceitavam, "mas ele obviamente se opõe a A – portanto ele é inconsistente." Será que os filósofos estavam tão alheios à função de uma *reductio ad absurdum*?

Alguns leitores tiveram dificuldades com meu estilo. Eles liam insinuações como afirmações de fato e piadas como comentários sérios. "Ele geme, ele gagueja", disse um; "ele escreve como Karl Kraus", disse outro. Para todos, eu era maligno e agressivo – outra grande surpresa. É verdade, eu não media as palavras: mas certamente eu não era monstro enfurecido que saltava fora da leitura das resenhas. Pessoas agressivas me acusavam de agressão. Isto já acontecera antes. "Não vou ler sua diatribe!", gritou Popper ao ver meus comentários sobre a sua diatribe contra Bohr (ele acalmou-se quando lhe contei que muita gente reclamou de meu estilo agressivo, tendo-o atribuído à sua – de Popper – influência. "É assim?", disse ele, sorriu e foi-se).

Entraram então em cena os cientistas. Alguns louvaram minha reivindicação de uma abordagem menos dogmática, outros me viram como "o pior inimigo da ciência" (*Nature*, 1987) – e por quê?

Porque eu dizia que abordagens não ligadas a instituições científicas podiam ter algum valor. Eram tais abordagens heresias profanas? Os cientistas por certo não pensaram sempre deste modo. Darwin prestou atenção nos criadores de animais e naturalistas; Descartes, Newton, Thomson, Joule, Whewell deram razões religiosas para algumas de suas suposições mais básicas; profissionais do campo do ambiente e desenvolvimento aprenderam e ainda aprendem de populações locais, enquanto os antropólogos descobriram que a abordagem objetiva que eles seguiam como óbvia lhes fornecia caricaturas – e assim por diante.

Em *CM* eu também sugeri que a ciência deveria ser submetida ao controle público. Esta sugestão não é tão radical quanto soa. A ciência não é o empreendimento "livre" e "aberto" com que sonham os filósofos. Considerações comerciais têm um grande papel, a corrida para o Prêmio Nobel reduz drasticamente a comunicação entre os cientistas, iniciativas por parte dos cidadãos descobriram problemas ignorados pelos cientistas e legitimaram práticas por eles denunciadas. Testemunhando perante a lei, os peritos devem responder a pessoas leigas e seus representantes, isto é, os advogados. De fato, isto tem levado a excessos, mas a culpa está na maneira de aplicação, não no princípio. A ciência, diz-se com frequência, é um processo de autocorreção que a interferência externa só pode perturbar. Mas a democracia também é um processo autocorretivo e a ciência, sendo parte dela, pode portanto ser corrigida pelas correções na entidade mais abrangente.

Pouco a pouco fui me familiarizando com os "intelectuais". Trata-se de uma comunidade muito especial. Escrevem de uma forma especial, têm sentimentos especiais e parecem se ver como os únicos representantes legítimos da raça humana, o que na prática significa de outros intelectuais. Eles não são cientistas, mas podem fazer panegíricos do progresso científico. Tampouco são filósofos – mas têm agentes infiltrados naquele negócio. Thomas Nagel é um deles; Rorty, outro; mesmo Searle se revela um deles, embora careça dos modos elegantes do verdadeiro intelectual. Esta comunidade passou neste ponto a demonstrar um certo interesse por mim, o que significa que me alçou às suas alturas, me esquadrinhou rapidamente e me deixou cair de novo. Fez-me parecer mais importante do que jamais pensei ser; enumerou minhas deficiências e me pôs de novo em meu lugar original. Eles realmente me confundiram.

Num certo momento, em meio à comoção, adquiri uma depressão que me acompanhou por mais de um ano. Era como um animal, uma coisa bem definida, espacialmente localizável. Eu acordava, abria os olhos, ouvia – está ou não por aqui? Nenhum sinal. Talvez esteja dormindo. Talvez me deixe em paz hoje. Cuidadosamente, muito cuidadosamente, eu saía da cama. Tudo quieto. Eu ia para a cozinha e começava o desjejum. Nem um som. TV, *Good Morning America*, David Não-sei-do-quê, um sujeito que eu não suportava. Eu comia e via os convidados do programa. Aos poucos, o alimento enchia meu estômago e dava-me forças. Uma rápida incursão ao banheiro, o agasalho e meu passeio matinal – e ei-la aqui, minha fiel depressão: "Pensou que podia ficar sem mim?". Frequentemente eu alertava meus alunos: "Não se identifiquem com seu trabalho". "Se querem realizar algo, escrever um livro, pintar um quadro, certifiquem-se de que o centro de sua existência está em outro lugar, solidamente plantado – só então serão capazes de ficar frios e rir dos ataques que devem vir." Eu mesmo seguira este conselho no passado – mas agora estava sozinho, presa de um tipo desconhecido de aflição, minha vida privada estava uma confusão e eu estava sem defesas. Muitas vezes desejei nunca ter escrito a porra daquele livro.

Posto diante de um mundo que eu não compreendia, mas que parecia importante, comecei a pensar que eu poderia ter "algo para dizer" e procurei fazê-lo de uma maneira melhor. Respondi às resenhas, escrevi duas sequências a *CM*, arrumei uma edição de meus escritos reunidos e planejei um livro que apresentaria "minha posição" de uma forma mais convincente. Escrevi e reescrevi capítulos tediosos sobre coisas tediosas e perdi um tempo precioso que poderia ter aproveitado tomando sol, vendo TV, indo ao cinema ou, talvez, produzindo algumas peças. É verdade que antes do *CM* eu acumulara uma longa lista de publicações – mas aquilo tinha sido um acidente. Eu adorava viajar e dar palestras para audiências profissionais e leigas. Eu nunca me preparava: fazia umas poucas anotações e a adrenalina cuidava do resto. A maioria das palestras era parte de uma série. Os organizadores queriam publicá-las, o que significaria que, tendo feito meu discurso, eu deveria escrevê-lo. Os escritos resultantes me deram um professorado pleno, uma posição e um bom salário. Isto era tudo, no que me dizia respeito. Daí em diante passei a desencorajar os administradores de me fazerem avançar na carreira. "Vocês não conseguirão e eu não preciso", eu dizia; "e além disso não escrevo mais." (As coisas decorreram como eu desejava, mas por duas vezes fui obrigado a apresentar algum "resultado do trabalho", tendo sido, em ambas as vezes, promovido, para minha surpresa.) Meu plano de vida era perfeito, mas esmigalhou-se diante dos ataques ao *CM*.

Os primeiros críticos do *CM* eram racionalistas e extravagantes que se ocupavam com a ciência. Os tempos mudaram, bem como os padrões do que é politicamente correto. Mas o chauvinismo, a ignorância e a intolerância são os mesmos. Um exemplo pode mostrar o que quero dizer.

"Qualquer leitor de Feyerabend", escreve Hilary Rose, "não pode deixar de ver que seu preceito filosófico do 'vale tudo' está profundamente ligado à sua indecente concepção sexista de uma nova teoria como uma cortesã charmosa, cujo único propósito é o deleite... Desnecessário dizer que o 'você' que 'pode fazer o que quiser' é profundamente sexuado. Não se pode esquecer por um momento que as mulheres podem ser convidadas a fazer o que quisermos."

Bem, estou habituado a observações bizarras – mas esta certamente leva o prêmio. "Esta mulher é louca?", exclamei ao ler esta passagem. "Aonde ela foi buscar a ideia de que *CM* é só para homens e 'profundamente' machista?"

Então um amigo lembrou que num ensaio anterior eu de fato vinculara boas teorias a cortesãs. Concluindo minha explicação de uma metodologia tolerante, eu dizia que isto "transforma a ciência de uma senhora austera e exigente em uma dócil cortesã que procura antecipar todos os desejos de seu amante. É claro", eu prosseguia, "que depende de nós escolher um dragão ou uma gatinha como nossa companhia. Não creio ser preciso explicar a minha preferência". Tudo indica que Rose se referia a estas cinco linhas (que apareceram dez anos antes de *CM*) ao escrever seu comentário.

Rose não menciona o artigo que contém as linhas. Numa nota de rodapé, ela se refere a *CM* e a *A ciência em uma sociedade livre* como se elas ocorressem nestes livros e caracterizassem sua perspectiva. Ou ela não leu os livros ou está mentindo.

Não pretendo estender-me sobre o fato de que minhas observações podem ser interpretadas ao menos de duas maneiras, seriamente ou na brincadeira. Mas humor e ironia não parecem ser o forte de Rose. Devo, portanto, supor que as observações foram feitas a sério. Neste caso, não creio que elas são "indecentes", exceto talvez para indivíduos que compartilham dos temores dos pais do puritanismo. Elas certamente não são "sexistas". Pois não dizem nem implicam que todas as mulheres são cortesãs, ou que ser cortesã é uma tarefa apropriada, ou que elas não têm outra missão além de agradar os homens – isto seria "sexista". O que elas dizem explicitamente é que é minha "preferência" ser servido por uma cortesã, o que significa que eu devo procurar uma mulher com esta inclinação (existem muitas mulheres neste caso) e me divertir com ela assim como ela se divertirá comigo. Afinal, deixo claro que existem outras mulheres, "senhoras austeras e exigentes", e outros homens que as preferem. Reconheço que quem escolhe são os homens. Isto era intencional. O artigo ridiculariza os maníacos popperianos – e não há uma só mulher entre eles.

Vivemos numa época em que as pessoas com preferências sexuais específicas, em que *gays* e lésbicas são solicitados a se assumirem abertamente e em que estão sendo feitos esforços no sentido de adaptar as leis e as instituições sociais ao seu estilo de vida. Nem os *gays* nem as lésbicas dizem que todo mundo é, ou tem o dever de ser, *gay* ou lésbica; eles dizem que *eles* são, que há gente disposta a unir-se a eles e que eles querem ter o direito e a proteção legal para viver coerentemente, o que significa que eles querem *agir* segundo suas preferências, *escrever sobre* elas e orientar suas *pesquisas* e seu empenho artístico em torno delas. Por acaso, Rose sugere que homens que preferem cortesãs condescendentes devem voltar à sombra ou, melhor ainda, parar de ter tais desejos "indecentes"?

Concluindo: suponhamos que eu fosse de fato um porco chauvinista quando escrevi as linhas em questão – será que eu não poderia ter mudado no decorrer dos dez anos que as separam do *CM*? E como descobriremos *isto*? Lendo o *CM*, obviamente, e não inferindo seu conteúdo de afirmações anteriores. Nem todos procedem desta maneira, é claro. Há organizações que julgam os indivíduos de uma maneira mais holística. Assumindo que uma alma perdida permanece perdida para sempre, elas procuram incidentes suspeitos e os utilizam para marcar uma pessoa para toda a vida. Exemplos são a inquisição, certas comunidades puritanas e a KGB – todas concebidas e dirigidas por homens. São estas pessoas que Rose quer imitar?

Reconheço que os homens, por um longo tempo, assumiram um papel que não se justifica nem pela sua inteligência, nem por seu caráter, nem por suas realizações, e que nós todos, com muito poucas exceções, ainda estamos envolvidos neste arranjo. Ao reescrever *CM* para a terceira edição, surpreendi-me de ver a frequência com que usava o pronome masculino ou uma expressão no masculino para me referir às pessoas em geral. Isto pode parecer de pouca importância – mas não acho que o seja. Pequenos gestos comportam grandes preconceitos. A solução, porém, não é uma inversão dos preconceitos, mas uma visão mais ampla que inclua a todos, inclusive os animais, que certamente prefeririam viver em paz e liberdade a serem encurralados em fazendas monstruosas, maltratados e frequentemente mutilados nos transportes e torturados em laboratórios imaculados.

O que penso hoje do *CM*? Penso que os cientistas sempre agiram de uma maneira liberal e oportunista ao *fazerem* a pesquisa, embora geralmente falem de modo diferente ao *pontificar* sobre ela. Atualmente, isto já se tornou uma trivialidade entre historiadores da ciência. Ao analisar as observações telescópicas de Galileu, indiquei como ele, sem muito teorizar, chegou a descrições dignas de relevo. Mais recentemente, os historiadores têm sugerido que níveis de observação formam culturas inteiras, cujos critérios e regras diferem daqueles dos teóricos. Ao analisar as realizações teóricas de Galileu (em relação com sua defesa de Copérnico – o *Duas novas ciências* é um caso diferente), sugeri que elas incluíam uma reestruturação ilusória de ideias e relações fundamentais. Hoje, tais processos estão sendo examinados, consideravelmente detalhados. Longe de mim reivindicar que os historiadores empenhados nestes novos tipos de pesquisa leram o *CM* sendo por ele influenciados – nada estaria mais longe da verdade. Mas é agradável ver que certas concepções de gabinete minhas estão sendo defendidas por estudiosos que trabalham em íntimo contato com a prática científica.

Outras de minhas concepções de gabinete não se saíram tão bem. Refiro-me ao meu "relativismo", isto é, à ideia de que as culturas são entidades mais ou menos fechadas com seus próprios critérios e procedimentos, que elas têm valor intrínseco e não devem sofrer interferência. Numa certa medida, esta concepção coincidia com as dos antropólogos que, tentando entender a confusa complexidade da existência humana a dividiam em domínios (no mais das vezes) não coalescentes, autossuficientes e autoconservadores. Mas as culturas interagem, mudam, têm recursos que ultrapassam seus ingredientes estáveis e objetivos ou, melhor, aqueles ingredientes que (alguns) antropólogos condensaram em regras e leis culturais inexoráveis. Considerando o quanto as culturas aprenderam umas das outras, e o engenho com que elas transformaram o material assim reunido, cheguei à conclusão de que *toda cultura é potencialmente todas as culturas*, e que as características culturais específicas são manifestações mutáveis de uma *única natureza humana*.

Esta conclusão tem importantes consequências políticas. Ela implica que as peculiaridades culturais não são sacrossantas. Não existe algo como uma supressão ou um assassinato "culturalmente autênticos". O que há é apenas supressão ou assassinato – e ambos devam ser tratados como tais, com determinação, se necessário. Dando-nos conta, porém, das potencialidades para a mudança inerentes a cada cultura, devemos abrir-nos à mudança antes de tentar mudar os outros. Em outras palavras, devemos prestar atenção aos desejos, opiniões, hábitos e sugestões das pessoas com quem interferimos, e devemos obter nossa informação *por meio de contatos pessoais extensos*, não de longe, não tentando ser "objetivo", não nos aproximando dos assim chamados líderes. Missionários humanos sempre seguem estas regras. A empresa vasta, incontrolável e quase sempre invasiva, chamada "desenvolvimento", mostra com especial clareza o quanto se pode aprender das comunidades locais, e como até os melhores programas falham quando impostos sem se tentar entender seus modos de vida. De qualquer modo, o objetivismo e o relativismo não são apenas insustentáveis como filosofias: são maus guias para uma colaboração cultural frutífera. Alguns de meus primeiros escritos sustentavam exatamente isto – mas levei muito tempo para perceber. Desta forma, eu não estava apenas à frente dos outros: eu estava à frente de mim mesmo.

Matando o tempo 161

1 "Papai ... você é uma boa pessoa; sou grato por todo seu cuidado, sua paciência, seu amor..." (p.14).

2 "aquele ser humano estranho, distante e infeliz que fora minha mãe" (p.19).

3 8 de novembro de 1924: "um pequeno monstrinho gordo, embrulhado em camadas e camadas de lã com uma aparência definitivamente estúpida. 'Tem cara de chorão', diziam..." (p.24).

162 Paul K. Feyerabend

4 "Quando os professores faziam perguntas eu assumia um ar de conhecimento e ligeiro aborrecimento, como se trivialidades como aquelas estivessem abaixo de mim. Isto funcionava – mas eu tinha momentos incômodos" (p.32). (Feyerabend está no centro da última fila.)

5 (Ao lado, embaixo à esquerda) "eu participava de um coral misto ... Poucos membros do coral, eu era um deles, tinham permissão de ficar ... no recinto do órgão. Eu cantava solos e causava uma forte impressão, pois tinha uma voz limpa e potente" (p.40-1). (Viena, 1990: Feyerabend diante do portão de uma igreja onde, quando menino, cantava o coro de Natal.)

6 (Ao lado, em baixo à direita) "Lá estava eu, um dedicado rato de biblioteca, sem experiência, as insígnias de autoridade e nos ombros, sendo confrontado com um bando de céticos peritos" (p.55).

7 "O casamento [com Mary O'Neill] foi um grande espetáculo – coro, órgão, incenso e tudo o mais. Usei minhas últimas dez libras para comprar um terno e dar uma melhor impressão" (p.114).

8 "Inge tinha uma motoneta; eu montava atrás dela – rezava para todos os santos de que me lembrava – e era levado" (p.88).

9 "Margo adorava o campo. Ela me levou a Yosemite e Lake Tahoe e me ensinou a boiar nos lagos frios da montanha..." (p.122).

10 "Rommel era um cão pastor, mas suas orelhas nunca empinaram ... e corria na direção de qualquer um que avistasse ... vomitou ... durante nossa [com Barbara] viagem de férias a Denver. Rebatizei-o com o nome de Spund, uma contração do verbo dialetal *speiben*, que significa "vomitar", e *hund*, que significa 'cão'" (p.186).

11 "Encontrei Carnap novamente em 1964, em Alpbach. Naquele ano tive um seminário junto com Feigl... Ele estava perfeitamente bem, num humor excelente e mais do que disposto a participar de nossos debates" (p.126-7). (Da esquerda para a direita: H. Feigl, R. Carnap e P. Feyerabend.)

12 "Quando eu estava em Londres, habitualmente visitava Imre... Os visitantes eram levados primeiro ao jardim, em seguida alimentados e finalmente conduzidos ao segundo andar para a conversa séria" (p.137). (I. Lakatos no jardim de sua "casa de representação" londrina.)

13 "Nem sempre eu aceitava os conselhos dos líderes estudantis. Não participava, por exemplo, das greves que eles decretavam. Pelo contrário, pulava menos aulas durante a greve do que antes ou depois dela" (p.133). (Berkeley, *Campus*, fins dos anos 60.)

14 "Eu não me sentia nada 'estimulante' quando comecei meu seminário naquele outono. Eu estava entediado. Como era de hábito, entrei na sala, sentei, tirei minha agenda do bolso, dirigi-me à pessoa mais próxima de mim e perguntei: 'Bem, como vai nos entreter?'" (p.182). (Berkeley, 1984.)

15 "Depois de alguns dos seminários mais interessantes, eu convidava os alunos e os conferencistas para um restaurante próximo e pagava a conta" (p.177). (Zurique, 1986: Feyerabend em um momento de descontração entre T. S. Kuhn (à esquerda) e P. Hoyningen-Huene.)

16 "Há algum tempo Grazia trabalha em Roma; ela tem um grande apartamento perto da universidade com um jardim no terraço e mobília refinada" (p.181).

17 "muitos dias tranquilos em Roma" (p.194). (Villa Ada, inverno de 1990-1991.)

18 O "filósofo" trabalhando! (A foto predileta de Feyerabend).

13 Brighton, Kassel e Zurique

No início dos anos 70, considerei estabelecer-me na Nova Zelândia. O país era lindo, o ar limpo, o povo agradável e a vida na universidade não chegava a ser insuportável. Judith e eu pensamos em comprar um terreno e construir uma casa. Tínhamos motivos para ser otimistas. O pai de um amigo comum queria vender parte de sua propriedade no litoral e um grupo de budistas queria comprá-la. Eles, por sua vez, se dispunham a nos deixar cinco acres e construir uma casa na praia – havia carpinteiros, eletricistas, encanadores etc., entre eles. O projeto nunca saiu do lugar. Tendo descoberto que estava lidando com budistas, o proprietário desistiu do negócio. "Não vou vender minha boa terra para alguns budistas fodidos", consta ter dito. Tive sorte, não é possível prever como nossos amigos religiosos se conduziriam a longo prazo e, ademais, Judith logo estava com outras coisas em mente.

Não tenho ideia de como e por que acabei na University of Sussex em Brighton. Tudo que lembro é de ter encontrado Asa Briggs, o presidente, e alguns membros da faculdade. Um deles, Gallie, já me conhecia do Colston Symposium em Bristol, e surpreendeu-se ao saber que eu pretendia reconstruir as apresentações originais de peças conhecidas. Tampouco me lembro de qual foi nosso acordo; só lembro de ter lecionado em dois semestres (1974/1975) e depois pedido demissão: 12 horas por semana (um curso, e o restante orientações) era demais para mim. Sentia-me fraco e distraído. Os estudantes comentavam meu aspecto abatido – contudo, em minhas aulas só havia lugares em pé. Quisera ter podido dar aulas melhores! Em setembro de 1974, fui a uma conferência em Nafplion, na Grécia, organizada por Imre Lakatos, e financiada pelo papai Latsis. Imre convidou importantes filósofos, historiadores (da matemática, das ciências físicas) e economistas para testar a força de seu programa e pretendia fazer um excitante discurso de inauguração, mas morreu e eu fiz o discurso em seu lugar, procurando ser fiel à sua maneira de falar e de louvar a Razão e vilificar a Irracionalidade. Tive problemas para entrar na Grécia. Estando com um ânimo brincalhão, enviei o seguinte telegrama: "Recuperando-me de icterícia, gripe e um acesso de sífilis, tenham portanto médico pronto". O telegrama foi interceptado e papai Latsis teve que me justificar junto às autoridades. Ele pareceu ter gostado da confusão.

Kassel é um enigma ainda maior. O que eu estava fazendo em Kassel? Como e por que fui parar lá? De qualquer maneira, lecionei por dois semestres, creio: parte sobre filosofia da ciência, parte sobre literatura. Consegui um quarto no porão de uma casa fora da cidade, cercada por um bosque e trilhas românticas por todos os lados, Sandbuschweg 29. Durante o inverno, briguei com a proprietária por causa do aquecimento central; ela o diminuía, mas como eu tinha a vantagem de morar próximo à caldeira bastava-me aumentá-lo novamente.

Lembro de como fui a Zurique (o famoso ETH, Eidgenössische Technische Hochschule, o Instituto Federeal de Tecnologia, também conhecido como o Politécnico de Zurique). Tudo começou com Erich Jantsch. Erich e eu tínhamos estudado astronomia em Viena, mas não nos víamos há anos. Quando nos encontramos de novo, em Berkeley, Erich era um guru da auto-organização. Era famoso, respeitado, mas sem um emprego regular e, ao menos aparentemente, sem amigos. Ele me visitava frequentemente e conversávamos sobre assuntos pessoais, escândalos científicos e novas descobertas de todos os campos. Então ele ficou doente. Foi a um acupunturista e, em seguida, a um hospital. Em uma semana estava morto. (Eu não soube disto até receber um documento em que constava que as cinzas do professor Jantsch haviam sido espalhadas sobre o Oceano Pacífico, na longitude alfa e latitude beta, e que os custos vinham "discriminados abaixo". Não fui o único a receber este comunicado; ao menos cinco pessoas pagaram o preço integral do rito final de Erich e atualmente procuram ressarcir-se na justiça.) Naturalmente, quis saber de detalhes. Telefonei ao hospital. Os médicos estavam embaraçados. Sim, eles lembravam de Erich Jantsch. Ele chegara com uma suspeita de diabetes, resistira por algum tempo e então seu sistema imunológico entrou em colapso de uma maneira estranha e ele morreu. Isto soa como um caso bem precoce de AIDS. O último amigo de Erich, além de mim, tinha sido uma asna, que vivia num parque atrás de minha casa e Erich tinha conseguido permissão para levá-la consigo em alguns de seus passeios. Ele fazia isto duas vezes por semana, pontualmente. Ocasionalmente, ele partia em viagens de conferências, quando voltava, sua amiga se fazia de difícil. Erich tinha que usar todos os seus poderes de persuasão, açúcar e cenouras, principalmente, para recuperar sua atenção.

Em uma de suas visitas, Erich contou-me, por acaso, que o Politécnico de Zurique estava procurando um filósofo da ciência. "Pode ser uma ideia", eu disse a mim mesmo, sentei e escrevi uma carta ao presidente: "Soube que vocês precisam de um filósofo da ciência; estou interessado". Sucede que era apenas uma ideia na cabeça do presidente – mas ele prometeu me considerar se e quando ela se materializasse.

Um ano mais tarde, fui convidado para uma aula de teste. Uma aula de duas horas, sobre um tema de minha escolha. Gerhard Huber e sua esposa receberam-me e levaram-me para almoçar. "Trouxe minha esposa comigo", Huber me explicou depois de tudo, "porque ela pode avaliar uma pessoa e eu não." Parece que passei por este primeiro teste decisivo.

A aula foi marcada para as cinco da tarde. Àquela hora eu já estava bastante cansado. Huber me apresentou e eu comecei. Não havia cadeira, mesa nem mesmo um móvel de apoio. Tive que andar durante toda a aula. Pode não parecer grande coisa, mas tendo uma perna imprestável e, com problemas circulatórios, precisei de toda minha força de vontade para sobreviver. Parei depois de cerca de quarenta minutos. "Digam algo!", exclamei, olhando para a audiência. Disseram muitas coisas, algumas de modo bem agressivo. Respondi à altura. Um cavalheiro que parecia um professor me acusou de tentar voltar à Idade Média. "O que você sabe da Idade Média?", perguntei. "Você conhece a obra de Buridan, ou de Oresme? Quantas linhas de Santo Tomás você leu?", ele retirou-se indignado, batendo a porta atrás de si. Lentamente, muito lentamente, as questões foram diminuindo e as pessoas começaram a deixar a sala. "Finalmente acabou!", disse a mim mesmo. Não foi bem assim: depois da aula (e isto eu não sabia), eu deveria me apresentar à comissão de seleção incluindo Huber, van der Waerden, Jean Hersh (um ex-aluno de Karl Jaspers e igualmente pleno de substância moral), o presidente e outros. Nesta altura, eu já não aguentava mais aquilo – o que foi demonstrado pelas minhas respostas. "Por que quer vir para Zurique?", perguntou o presidente. "Porque sou agitado e gosto de mudanças." "Mas por que a Suíça?" "Porque o pagamento é bom e a carga horária mínima." Não menti. Mudando de um lugar para outro, eu tinha descoberto o que realmente queria: um outro lugar além de Berkeley, preferivelmente na Europa, com um salário alto e uma pequena carga de aulas. Então alguém levantou a questão da verdade. Expliquei que eu via a noção como um expediente retórico, que pretendia usá-la para apanhar moscas, mas que de outro modo não a considerava seriamente. "Mas mesmo nós matemáticos estamos falando da verdade", disse van der Waerden. E assim por diante. Na manhã seguinte, voei para Londres e de lá para Berkeley. Estava convencido de que a ETH não iria querer saber de mim. Mas eu subestimara os suíços.

Para ter uma ideia mais clara, eles contactaram filósofos e filósofos da ciência, tanto em Berkeley como em outros lugares. Em meu sexagésimo quinto aniversário, Peter Schindler, que tinha sido assistente do presidente, mandou-me uma seleção das respostas que eles receberam. Eis algumas delas:

• Feyerabend tem fama de ir de um lugar para outro.
• Ele aparentemente gosta de colecionar propostas de emprego.
• A sua tendência às vezes maliciosa ao *success de scandale* tem despertado ira em certos meios.

- Está constantemente em conflito com a comissão de curso. Não sei se esta é uma recomendação boa ou má (deve ter sido de alguém de Berkeley).
- De modo algum eu o aceitaria em Zurique.
- Se eu tivesse que escolher entre tê-lo por perto o tempo todo ou não tê-lo de jeito nenhum, não sei qual seria minha escolha.
- Em suma, creio que sua contratação contribuiria enormemente para o renome de qualquer departamento de filosofia.

E assim por diante.

Em seguida (mas ainda sem que eu soubesse), a comissão restringiu o número de candidatos a dois: eu e Scheurer, um belga. Foi decidido que cada um de nós daria um curso por um semestre. Naquela época, eu estava parte do tempo em Berkeley, parte em Kassel. Levando isto em consideração, o ETH sugeriu que eu viesse a cada duas semanas por dois dias, e desse aulas por duas horas cada dia. Fiquei surpreso – e aceitei. Dei meu curso habitual de filosofia da ciência, ainda sem uma mesa ou uma cadeira, andando pela sala e ficando exausto. Huber estava lá, assim como Primas, van der Waerden e outros professores. Um químico, como Primas contou-me mais tarde, zangou-se na primeira aula e mais ainda na segunda – mas continuou vindo. Muitos alunos sentiam o mesmo, naquele e em outros cursos, e me diziam. Van der Waerden interrompeu a aula, levantou objeções e travamos cerrada discussão. Depois das aulas, eu ia para o hotel (o Hotel Leoneck, no sopé da colina), deitava e lia uma das novelas de mistério que comprava na estação ferroviária. Eu me divertia, mas van der Warden estava preocupado: "Não me parece uma boa coisa para você".

Outro longo silêncio. Tendo abandonado Kassel, decidi permanecer em Berkeley e parar de ir de um lado para outro; aos poucos me adaptei ao *american way of life*. Aprendi a guiar, comprei um carro, uma casa nas colinas de Berkeley e comecei a frequentar as reuniões do departamento, que até então eu evitara. Por que não?, disse a mim mesmo – Berkeley é meu lar, a universidade é fonte de minha renda, portanto devo fazer as coisas direito.

Havia também outras razões. Eu preferia falar, escrever e pensar em inglês (ainda prefiro). Também preferia o ambiente multirracial em Berkeley – montes de rostos diferentes, montes de maneiras de ver o mundo. Quando me deslocava entre Berlim e Londres, eu me sentia em casa em Londres, não em Berlim. Ali era meu lugar, aquela a língua que eu queria falar. Nesta altura dos acontecimentos, o presidente do Politécnico de Zurique convidou-me para outra visita e me fez uma oferta: um posto de professor com tempo integral ou tempo parcial, com opção para mudar para tempo integral quando eu quisesse, quatro a cinco horas de ensino por semana. Até aqui eu entendera. O que me escapava, e não procurei esclarecer, era que minha pensão seria de sessenta por cento de meu salário integral (eu pensava que seria o salário integral), que eu estaria integrado ao sistema de aposentadoria (outros tinham que fazer consideráveis contribuições) e que minhas viagens de ida e volta a Berkeley seriam inteiramente reembolsadas. Aceitei sem negociar. "Você precisa de um escritório?", perguntou o presidente. "Não", respondi – o que convinha a nós dois. Ao presidente, porque havia pouco espaço disponível; e a mim, porque sem escritório não haveria horas de escritório. E assim iniciaram-se naquele momento dez maravilhosos anos, metade em Berkeley e metade na Suíça. Era exatamente a situação que eu procurava.

Muitos anos depois, contaram-me como consegui o emprego. Minha série de aulas tinha sido um sucesso, enquanto meu concorrente perdera quase toda sua audiência. Mas muita gente fez objeções ao conteúdo e houve também dúvidas quanto à minha personalidade: um indivíduo irreverente como eu não parecia a pessoa indicada para ensinar um assunto sério como filosofia. As autoridades federais recomendaram rejeição. O presidente, por outro lado, queria afirmar a independência das instituições acadêmicas e me escolheu. "Nem mesmo um Fereyabend pode arruinar uma grande escola como a ETH", consta que ele disse. Deste modo, algo que frequentemente critiquei[1] foi a causa da vida confortável que tenho hoje em dia.

---

1 A independência das decisões acadêmicas em relação à vontade política em um sistema democrático. (Nota da edição italiana)

Encontrei um apartamento em Meilen, no lago de Zurique (onde ainda vivo). Metade do aluguel era pago pela escola, a mobília (com exceção da cama) veio toda da escola (ainda a tenho). Meu trabalho consistia em preencher ao menos quatro horas por semana com fala e/ou discussão. Resolvi o problema dando uma aula – duas horas – e um seminário, também de duas horas. Logo me dei conta de que a mudança de alunos em Zurique era muito menor do que em Berkeley – as mesmas pessoas vinham de três a quatro anos seguidos. Isto significava que eu tinha que preparar ao menos mais três cursos – um trabalho difícil, mas não desinteressante. Quando cheguei a Zurique, soube que um curso de filosofia da ciência estava sendo dado por um ex-físico que se tornara lógico, Paul Hoyningen-Huene, um excelente pensador. Toda vez que, durante a aula, eu fazia uma observação imprecisa, olhava em torno procurando um sorriso irônico: seria ele, eu achava. Conhecemo-nos na festa de seu quadragésimo aniversário: dizendo-lhe que trabalhando na ETH jogávamos o mesmo jogo, propus que nos tratássemos por "tu". Paul tornou-se um de meus melhores amigos, é um excelente cozinheiro, anfitrião e conhecedor de vinhos. Os lógicos, afinal, não são tão maus.

Meu primeiro curso foi sobre o *Teeteto* de Platão. Eu abordava o texto linha por linha com digressões frequentes sobre problemas antigos e modernos. Por exemplo, vinculei a teoria platônica da percepção à mecânica quântica e discuti longamente as razões de Platão para escolher o diálogo ao invés da épica, do drama, do discurso público ou do ensaio científico como um meio de comunicação. "Platão se ocupava de seu estilo", eu dizia; "hoje o estilo de um ensaio acadêmico é decidido pelos editores." Expliquei também o *Timeu*. Era um assunto difícil e nem sempre eu estava preparado. Com frequência, antes da aula, eu sentava na sala da cúpula da universidade e olhava o relógio da igreja vizinha sentindo-me cada vez mais deprimido: 15 minutos para ir; dez minutos – devo ficar e dar a aula, ou simular uma gripe e cair fora? Dei todas as minhas aulas. "Excelente", disse van der Waerden numa festa que deu uma vez. "O que fará no ano que vem?" "A física de Aristóteles." "Ah, aquele chato do Aristóteles, não devo vir." Aristóteles era mais difícil que Platão e mais técnico. Mas creio que sua

Física contém material que pode ser do interesse dos cientistas modernos (Gunther Stent e René Thom concordam com isto, embora por razões inteiramente diversas).

O seminário começou como antes, em Berkeley: sem um tópico determinado, mas com apresentações dos participantes. Eu interrompia, geralmente depois da primeira frase, para deixar o debate correr. No terceiro encontro, um senhor de aparência séria, de barba e óculos levantou-se e leu um texto em que afirmava serem muitas as interrupções, e que falar muito não significava ter muito a dizer. Na semana seguinte, ele me solicitou um encontro e expôs um plano de sua autoria. Os seminários deveriam ser abertos ao público em geral, haveria um tópico geral para cada semestre a ser tratado por duas a quatro "autoridades" por encontro. Ele se ocuparia da parte escrita, dos convites e acertos com as partes, dos arranjos de última hora etc. Tudo o que eu teria que fazer era assinar documentos, dar conselhos, apresentar os convidados e de vez em quando fazer uma palestra. Aceitei imediatamente – quanto menos eu tivesse que fazer, melhor. Assim surgiu uma instituição que logo tornou-se muito popular.

Alguns encontros eram técnicos e atraíam uma pequena audiência; outros tinham que ser transmitidos pela televisão em circuito fechado. Houve um seminário sobre a teoria das cores de Goethe. Um adepto de Rudolf Steiner explicou as concepções de Goethe. Ele tinha grandes cartazes com as ilustrações de Goethe e nos convidou a olhá-los através de prismas que distribuíra. Pela primeira vez nós *vimos*, não apenas lemos ou ouvimos sobre aquilo de que Goethe falava. O debate foi bem animado. "Você fala como uma autoridade", um steineriano acusou Kes Jost que na discussão havia atacado algumas formulações steinerianas. "Mas eu *sou* uma autoridade", disse Jost. E assim por diante. Quando o encontro acabou e saímos para a rua, deparamo-nos com elefantes, camelos, cavalos – o circo acabara de chegar à cidade. "Uma conclusão apropriada para um seminário de Feyerabend", escreveu o *Neue Zürcher Zeitung*. Friedrich Dürrenmatt falou sobre entidades platônicas usando como exemplo uma cadeira ao invés de uma cama. Sua conclusão: a cadeira platônica nada mais é do que o fim idealizado do traseiro dos que se sentam. Dürrenmatt tinha sido avisado que haveria outras falas e que ele deveria limitar a sua a vinte minutos. "Ora", respondeu ele, "de todo modo eu não saberia o que dizer, não falarei por mais de dez minutos." Ele atrasou e começamos sem ele; quando chegou, foi com um enorme manuscrito, e teria continuado para sempre se não fosse interrompido aos 25 minutos. (A senhora Huber, que dirigia o encontro, hesitou, mas eu, sentado ao lado dela, a encorajei: "Nenhuma exceção para os figurões!".) Dürrenmatt não disse uma palavra, veio jantar conosco depois, tentou embriagar-me, disse-me ter lido o *Contra o Método* e nos divertiu com histórias sobre ele mesmo e Hohler. Mas recusou-se a voltar; "vocês não deixam as pessoas terminarem", gritou para o organizador quando este lhe telefonou – e bateu o telefone. Ao todo houve sete (creio eu) seminários como este realizados em sete anos consecutivos. Christian Thomas, que havia criticado a organização original e sugerido a nova fórmula, tornou-se um grande amigo meu.

Aos poucos, fui relaxando um pouco mais. Eu ia ao cinema, ao teatro, à ópera. Fazia grandes caminhadas no bosque e passeava pela cidade. Depois de alguns dos seminários mais interessantes, eu convidava os alunos e os conferencistas para um restaurante próximo e pagava a conta. Isto chegou a me custar 600 francos uma vez. Não importava. Eu tinha um salário enorme, na verdade dois salários, mais do que o suficiente, caso me aposentasse; uma casa nas colinas de Berkeley, um apartamento em Viena e não havia necessidade de economizar. Entre meus convidados, estavam Meret Oppenheim, Zanussi, o diretor polonês que ficou famoso (a mim não interessava particularmente, mas a Irena sim, e portanto o chamei), Eysenck e meu velho amigo Tom Kuhn. De volta a Berkeley, descobri o restaurante Chez Panisse, aberto em 1971 por Alice Waters, onde passei a jantar quase todo dia. Minha agenda em Berkeley era a seguinte: acordava às 6h30 (para a aula das oito – achava que ninguém viria, mas a sala ficava cheia), uma hora à disposição dos estudantes sentado numa das praças do *campus* até às 11 horas, quando ia almoçar em casa, enquanto via Perry Mason (a série antiga). Em seguida, uma *siesta* no terraço ou um pouco de trabalho; às 5 horas no Chez Panisse para um jantar cedo, de volta em tempo para algum espetáculo noturno; e na cama às 10 horas.

Mantive esta agenda por anos. Na Suíça eu almoçava em casa ou, às quartas-feiras, na escola; jantava fora, ou no restaurante Luft em Meilen ou num lugar mais classudo, indo em seguida para algum espetáculo noturno. Martina, que eu conhecera em Berkeley, vinha me ver às vezes e eu, por minha vez, a visitava em Tübingen. Devo muito a ela, embora esteja certo de que se surpreenderia se soubesse. E aos poucos, bem aos poucos, eu ia me organizando intelectualmente.

Isto não significa que, tendo decidido há muito tempo dedicar-me a questões intelectuais, finalmente eu descobrira a maneira certa de fazê-lo. Nunca pensei em mim como um intelectual, muito menos como um filósofo. Dediquei-me a esta atividade porque ela me proporcionava uma renda, e continuo a dedicar-me em parte por inércia, em parte porque gosto de contar histórias, no papel, na TV, ao vivo diante de uma audiência. Sempre gostei de falar sobre praticamente qualquer coisa sob o sol. Embora falando com grande desenvoltura, nunca achei que estava fazendo algo especial, ou que tivesse uma missão especial, ou que tendo começado a interferir em questões filosóficas eu estivesse preso a lealdades específicas. Quando me tornei primeiro assistente e depois professor de filosofia, lamentei a perda de oportunidades que aquilo implicava: minhas oportunidades de uma carreira teatral não cresceram. Naturalmente, devotei um pouco mais de atenção a este negócio de pensamento abstrato que me fascinava por afetar as pessoas de modos estranhos – mas isto não queria dizer que estava comprometendo minha vida com aquilo. Fiquei confuso com as reações críticas ao *Contra o Método*. Lançando-me em sua defesa, comecei a comportar-me como se tivesse "alguma coisa importante a dizer". "Organizar-me intelectualmente" significa que finalmente estava me libertando daquele embaraço. Mas num momento de descuido prometi a Grazia que produziria mais uma colagem, nada menos que um livro inteiro, sobre o tópico da *realidade* – e agora estou comprometido com isto.

Não me importo, escrever tornou-se uma atividade muito agradável – quase como compor uma obra de arte. Há algum esquema geral, muito vago no início, mas suficientemente bem definido para me proporcionar um ponto de partida. Em seguida, vêm os detalhes, ou seja, as palavras e seu arranjo em frases e parágrafos. Escolho minhas palavras muito cuidadosamente – elas devem soar certo, ter o ritmo certo e seus sentidos devem ser um pouco excêntricos; nada entorpece mais a mente do que uma sequência de noções familiares. Então vem a história. Ela deve ser interessante, compreensível e deve ter alguns lances incomuns. Evito análises "sistemáticas". Os elementos se encaixam maravilhosamente, mas o argumento em si é alienígeno, não está ligado às vidas e interesses de indivíduos ou grupos específicos. É claro que esta ligação já existe, de outro modo ele não seria compreendido, mas a ligação é disfarçada, o que significa que, estritamente falando, uma análise "sistemática" é uma fraude. Por que então não evitar a fraude, usando diretamente as histórias?

O problema da realidade, por outro lado, sempre me fascinou de modo especial. Por que tantas pessoas estão insatisfeitas com o que podem ver e sentir? Por que elas procuram surpresas por trás dos eventos? Por que elas acreditam que, tomadas em conjunto, estas surpresas formam um mundo inteiro e por que, ainda mais estranhamente, elas têm como garantido que este mundo oculto é mais sólido, mais confiável, mais "real" do que o mundo do qual partiram? A busca de surpresas é natural; no fim das contas, ocorre frequentemente que o que vemos como uma coisa revela-se outra. Mas por que supor que *todos* os fenômenos enganam e que "a verdade está oculta no abismo" (Demócrito)?

De certa forma, os realistas são como arqueólogos que, tendo removido camadas de eventos familiares e já monótonos, descobrem tesouros inesperados e incomuns. Os tesouros descobertos pela ciência parecem ter uma vantagem adicional; estarem relacionados entre si mediante leis. Mas isto os torna importantes apenas se o cenário resultante é um lugar agradável de se viver. A objeção de que o cenário é "real", e que portanto temos que nos adaptar a ele, qualquer que seja, não tem peso, pois ele não é o único: há muitas maneiras de pensar e viver.

Um pluralismo deste tipo já foi chamado de irracional e excluído da sociedade respeitável; entrementes, tornou-se moda. Isto não o torna melhor ou mais humano. Torna-o trivial e, nas mãos de seus defensores mais cultos, escolástico. As pessoas, especialmente os intelectuais, simplesmente não parecem se contentar com um pouco mais de liberdade, de felicidade, de luz. Ao perceberem um pequeno benefício o enquadram, delimitam, imobilizam, e deste modo preparam uma Nova Era de ignorância, obscurantismo e escravidão. É surpreendente que ainda existam pessoas que querem ajudar os outros por motivos pessoais, porque têm bom coração e não por terem sido intimidadas por princípios. É ainda mais surpreendente que algumas destas pessoas possam trabalhar em instituições a despeito da cobiça, da incompetência, das disputas por poder que parecem circundar as causas mais nobres. Mas existem tais pessoas, e minha esposa, Grazia, é uma delas.

14 Casamento e aposentadoria

Há algum tempo Grazia trabalha em Roma; ela tem um grande apartamento perto da universidade, com um jardim no terraço e mobília refinada. Passei os últimos anos de minha carreira acadêmica lecionando em Zurique e estou ainda bem instalado numa pequena cobertura em Meilen, no lago de Zurique. Não moramos juntos – não ainda. Entretanto, visito Grazia com frequência e ela ocasionalmente me visita. Acabo de voltar de Roma. Tomamos o café da manhã e almoçamos ao ar livre no calor de outubro, cercados de flores, observados por vespas que construíram um ninho bem sobre nossas cabeças e sob o olhar austero de uma *madonna* em um nicho diante de nós. Em novembro (1993) estaremos juntos por dez anos; há cinco estamos casados. Contudo, ao chegar a Roma, me senti como se estivesse visitando uma mulher que acabara de conhecer e pela qual me apaixonara. Com que aspecto estará?, eu me perguntava. Como vai me receber? Qual será o humor do dia seguinte? Parece incrível que houve uma época em que eu me sentia confinado e tentava escapar. O problema estava totalmente em minha imaginação – Grazia é uma pessoa muito independente. Meu comportamento a entristecia, mas ela o encarava com um misto de humor, tolerância e determinação. Sem isto, nossas vidas teriam se separado e eu nunca viria a saber o que significa amar verdadeiramente uma pessoa.

Conhecemo-nos por puro acaso. Na primavera de 1983, Grazia conta, ela estava num trem, viajando pela Alemanha. Dois senhores irromperam em seu compartimento carregando esquis, equipamento alpino e trazendo com eles uma lufada de ar fresco da montanha. Começaram a conversar. Grazia mencionou que estava a caminho de Berkeley. "Então você vai ver Feyerabend", parece ter dito um deles; "ele deve ser uma pessoa muito estimulante."

Eu não me sentia nada "estimulante" quando comecei meu seminário naquele outono. Eu estava entediado. Como era de hábito, entrei na sala, sentei, tirei minha agenda do bolso, dirigi-me à pessoa mais próxima de mim e perguntei: "Bem, como vai nos entreter?". Aquilo sempre causava surpresa e consternação. Alguns alunos olhavam furtivamente para a porta, outros tentavam ficar invisíveis. Eles acabavam se acalmando e de certo modo divertindo--se com as discussões. Terminadas minhas anotações, eu me despedia e partia. Grazia não veio ao primeiro seminário.

Ela chegou atrasada ao segundo. Aquilo, logo percebi, seria a regra. Quase no fim do seminário ela me disse como ficara decepcionada. Ela esperava desempenhos de tirar o fôlego da parte desta pessoa supostamente "estimulante", mas tudo o que teve foi falas de estudantes interrompidas aqui e ali por perguntas de outros estudantes e eu mal falando uma palavra. A culpa era dela, pois eu falava, às vezes, durante os primeiros cinco ou dez minutos. Quando me dei conta de Grazia, eu sempre desejava que ela estivesse lá naqueles momentos. "Isto a impressionaria", eu pensava ao explicar algumas fascinantes ideias de minha autoria. Mas ela vinha todas as vezes atrasada, como eu já disse.

Depois de algumas semanas, começamos a nos falar. Fiquei muito feliz ao deparar com ela no canto sudeste da biblioteca. Aconteceu tão subitamente que eu apenas disse um "oi" e me afastei. Eu queria ter parado para um bate-papo. Foi o que acabou acontecendo no supermercado do Cedar & Shattuck, onde eu costumava comprar comida. "Onde você mora?", perguntei. "É uma ruazinha – você não deve conhecê-la", respondeu. "Diga-me." "Miller Avenue" – ficava a uma quadra de mim. Contudo, nunca nos encontrávamos porque íamos por caminhos diferentes à cidade.

Passamos a almoçar e jantar juntos, ir ao cinema e ao teatro e fazer longos passeios nas colinas de Berkeley.

Grazia queria ter filhos: disse-me no primeiro dia de nossa relação. Eu disse não. Não só isto – a coisa toda soava como uma mensagem de um outro mundo. Eu? Uma família? Filhos? Não neste planeta!

Pouco a pouco fui mudando de atitude. A razão nada teve a ver com isto. Pelo contrário, a razão produziu e continua produzindo excelentes argumentos contra tornar-se um pai. Mas eu parecia entender, de uma maneira direta e intuitiva, o que significava ter filhos para Grazia e comecei a sentir-me quase como ela. Foi ressonância emocional, e não intelectual, de compreensão. Casamo-nos em maio de 1989 em Berkeley.

Sendo impotente, recorri à ajuda médica. Viajava para Roma uma vez por mês, ora esperando um êxito, ora temendo-o. Tentamos, creio eu, oito vezes. Então minha próstata se rebelou. Eu já tivera infecções antes mas as tinha interrompido com vários antibióticos. Desta vez, as drogas comuns não funcionaram. Tive febre, dores, convulsões. Continuei com minhas ocupações de sempre: escrevia, comprava comida, cozinhava, lavava minhas roupas. Ao ter um acesso de convulsões enquanto dirigia, bati num muro e arruinei o carro. Quando meu médico voltou, mandou-me imediatamente para o hospital. Foi preciso três semanas para debelar a infecção e mais uma para eliminar a próstata. Com isto, nossa já pouca chance de conseguir um filho caiu para praticamente zero. Mas não desistimos.

No outono de 1989, um terremoto atingiu a área da Baía de São Francisco. Eu acabara de dar aula e caminhava em direção ao carro. Foi um único tremor e nada mais. No interior do prédio da administração um grande candelabro começou a oscilar. As pessoas pararam, olharam em torno, sem saber o que fazer. A caminho de casa vi caminhões de bombeiros indo para a cidade. "Este pequeno terremoto não pode ter começado um incêndio", disse a mim mesmo. Minha casa estava intacta; apenas alguns pequenos objetos haviam caído da mesa. Uma enorme nuvem pairava sobre Berkeley. Liguei a TV – a ABC estava sem luz mas umas figuras fantasmagóricas falavam de grandes danos. Aos poucos o quadro se tornou claro: uma autoestrada destruída, a zona costeira de São Francisco em chamas, a cidade toda sem luz, grande destruição mais para o sul. De cima das colinas de Berkeley eu tinha uma visão panorâmica da catástrofe. Então vieram as previsões de um outro terremoto ainda maior. Decidi partir. Não por medo do próprio terremoto, mas do caos que se seguiria: falta de água, de alimentos, de eletricidade durante semanas. Vendi alguns de meus livros, empacotei outros e acertei com Janet, nossa presidente da faculdade, que tomaria uma decisão definitiva em março de 1990 – e parti para a Suíça. Quando chegou o dia fatídico eu estava cansado e nervoso. Como sempre, não foi a razão, mas meu humor que decidiu o caso. Senti também que depois de fazer tanto barulho com minha partida eu não podia voltar com o rabo no meio das pernas. Pedi demissão. Um ano depois me aposentei na Suíça (em Berkeley eu poderia ter continuado indefinidamente). E assim, afinal, o meu desejo infantil tornou-se realidade: eu estava aposentado.

Esqueci os 35 anos de minha carreira acadêmica quase tão rapidamente quanto esquecera meu serviço militar. Achava difícil de acreditar que há apenas cinco anos eu lecionava em instituições acadêmicas, uma na Europa, a outra na Califórnia, e que um pouco antes eu tinha cadeiras permanentes em quatro universidades, Yale entre elas, e que cabia a mim, e não às comissões, aceitar ou recusar ofertas ulteriores. Continuo hoje tão indefinido, profissional e pessoalmente, quanto ao começar a carreira e me surpreendo quando entrevistadores me tratam como se eu fosse um oráculo, um criador de ideias, um bom amigo ou pérfido inimigo de movimentos, tendências, instituições importantes. Mesmo meus escritos me surpreendem. Terei eu escrito mesmo aquilo, pergunto a mim mesmo, e num inglês americano quase impecável?

Há momentos em que tenho uma sensação de liberdade imensa. Agora, ao menos, posso seguir minhas inclinações sem ser tolhido por um cronograma e por regras administrativas. Em outras ocasiões lamento minha decisão. Uma razão é financeira: é sempre melhor ter um emprego do que uma pensão. Ademais, minhas inclinações nunca foram bem definidas. Estou "livre", sim – mas isto me dá uma direção? Era mais fácil quando umas poucas horas por semana eu tinha que me dedicar ao meu, assim chamado, emprego. Contudo, estou convencido de que fiz a escolha certa.

Estou um pouco mais inteligente do que costumava ser; aprendi alguns truques, estou mais equilibrado emocionalmente (embora este equilíbrio ainda deixe muito a desejar); em suma, estou em uma posição muito melhor para começar minha vida do que estava há apenas uma década – mas estou no fim dela, toma lá dá cá uns poucos anos: cinco anos talvez, dez se tiver sorte. Isto me faz pensar. E por quê? Não porque eu gostaria de viver para sempre, e certamente não por causa dos livros e ensaios importantes que podem deixar de ser escritos, mas porque eu gostaria de envelhecer com Grazia; porque eu gostaria de amar seu rosto velho e enrugado como amo seu rosto jovem hoje; porque eu gostaria de ajudá-la em suas dificuldades e fruir com ela seus momentos felizes. Estes pensamentos que começam a reclamar atenção toda vez que reflito sobre o resto de minha vida deixam claro para mim que, apesar de tudo, há fortes inclinações, não são sobre coisas abstratas como solidão ou realizações intelectuais, mas sobre um ser humano vivo que, finalmente, aprendeu o que significa amar uma pessoa. Certamente mudei. Eu não teria mudado se tivesse continuado com meu trabalho em Berkeley. Estaria muito distraído, teria muitas rotas de fuga e não teria passado os longos dias com Grazia, que me transformaram de um gélido egoísta em um amigo, um companheiro, um marido.

A maioria das pessoas se distancia de tudo que as circunda. A Civilização Ocidental como um todo transforma seres humanos em "indivíduos". Eu sou eu e você é você, podemos nos amar, mas ainda assim eu devo permanecer eu e você vai permanecer você. Como um vidro à prova de balas, o fato de as partes de um intercâmbio terem uma existência própria põe limites em seus sentimentos e ações.

No meu caso, os limites eram bem precisos. Desde criança eu já me afastara de meus pais. Mais tarde, vivendo com meu pai, eu prestava pouca atenção aos seus temores e dificuldades. Eu me aborrecia quando ele ficava doente e deixava-o aos cuidados grosseiros de suas amigas. Não fui vê-lo quando ele estava morrendo. De tempos em tempos, eu me sentia inquieto e muitas vezes desejei ter uma ligação mais próxima com parentes, conhecidos e mesmo com estranhos. Durante meus primeiros dias no exército me dei conta de como eu tinha sido frio e decidi ser um filho melhor quando voltasse. Eu tinha boas intenções mas sabia que não iriam durar. Um dos motivos de eu gostar da companhia de mulheres inteligentes era porque elas, seus pensamentos, suas maneiras de abordar o mundo eram menos bem definidas, porque ao falar com elas parecia que dissolviam-se as fronteiras entre pensamento e emoção, conhecimento e ficção, assuntos sérios e mais ligeiros, e porque como resultado eu mesmo ficava menos definido. Robin, que no início era meu assistente na universidade e depois tornou-se um amigo para a vida toda, me convenceu que não havia motivo para temer estranhos: comportava-se como se os conhecesse há anos. Imitando-o descobri que mesmo uma expressão sombria pode se romper num radiante sorriso diante de uma piada ou de um gesto amigável. E aprendi muito com Spund.

Barbara selecionara Spund de uma ninhada de cinco. "Cuidarei de tudo", disse ela, quando mencionei que um filhote de cão precisa de muitos cuidados. As coisas não foram bem assim. Era eu que preparava suas refeições especiais enriquecidas com cálcio, que removia os produtos de sua (in)digestão, abria a porta quando ele ficava agitado, durante o dia, durante a noite, a qualquer hora. Barbara lhe deu o nome de Rommel. Ela não sabia muito sobre Rommel, o herói de guerra alemão. Ela nunca vira sequer uma foto dele. Contudo, ela parecia gostar do som do nome e da aura hollywoodiana que o cercava. De algum modo, o nome parecia adequar-se a uma imagem que ela tinha de si mesma – beleza inatingível em seu carro esporte, o nobre cão igualmente inatingível atrás dela. Isto também não foi bem assim. Rommel era um cão pastor, mas suas orelhas nunca empinavam, ele continuou urinando na posição em que os filhotes o fazem, sem erguer a pata traseira de um modo ligeiramente desdenhoso, e corria na direção de qualquer um que avistasse. De certo modo, ele não tinha personalidade, ao menos do ponto de vista de Barbara. Além disso, vomitou de maneira fenomenal durante nossa viagem de férias a Denver. Rebatizei-o com o nome de Spund, uma contração do verbo dialetal *speiben*, que significa "vomitar", e *hund*, que significa "cão"

(Spund é também o nome de um personagem de uma peça de Nestroy).
Spund e eu tornamo-nos grandes amigos. Fazíamos excursões, brincávamos e eu falava-lhe com frequência sobre as estranhezas da vida. Spund entendia o que eu falava – ele captava de imediato a disposição emocional. Percebia a menor mudança de meu humor e exibia abertamente o seu – não havia controle, filtro ou fingimento: era como se a própria Natureza estivesse falando diretamente comigo. Às vezes eu vestia roupas velhas e nós lutávamos, com ferocidade. Um gesto – e éramos amigos novamente. Tudo isto era resultado de simpatia, não de treino. Nada era oculto, tudo era manifesto. Eu me divertia e também nestas ocasiões alguns dos estratos mais sólidos de minha personalidade se dissolviam.

Em 1974, estando em Londres, vi uma excelente montagem do *Ricardo II* com Ian Richardson no papel título e Pasco no papel de Bolingbrook. O diretor tinha lido *Os dois corpos do Rei*, de Ernst Kantorowicz, e organizado a ação de acordo com esta leitura. Eu não sabia disto, tampouco conhecia o livro e via de modo muito diverso a cena em que Ricardo "abandona seu corpo político no ar rarefeito".

> Veja agora como me desfaço parte por parte:
> Cedo este pesado fardo sobre minha cabeça,
> E este pesado cetro em minha mão,
> O orgulho da majestade soberana se esvai de meu coração;
> Com minhas próprias lágrimas lavo a unção sagrada,
> Com minhas próprias mãos entrego a coroa,
> Com minha própria língua renego minha majestade sagrada,
> Com o fôlego de minha própria palavra os libero de vossos juramentos;
> A toda pompa e glória eu renuncio... (p.35)

Quando Ian Richardson, pronunciando lentamente estas palavras, deixava cair seu brilhante manto dourado, suas insígnias reais e todas as coisas que o faziam rei, me parecia que ele abandonava não somente um papel social, mas sua própria individualidade, aquelas características de seu caráter que o separavam dos outros, e me parecia também que a criatura obscura, desastrada, impotente que aparecia naquele momento era, malgrado a prisão e a morte, mais livre e segura do que a que deixara para trás. Eu me sentia aliviado, quase feliz, como se minha vida se renovasse. Mas isto não ocorreu: logo recaí em meus velhos hábitos. Mas outra experiência se acrescentara à minha mobília mental. Comecei a falar desta experiência, mas abstratamente e com uma certa violência. Eu explicava, em minhas aulas e ensaios, que a busca da verdade dentro dos limites de uma profissão específica, como a física ou a filosofia, ou o cumprimento de nosso dever com a família, a pátria e a humanidade não esgotam nosso ser, e que o conjunto de nossas obras e/ou feitos não constitui uma vida. Esta atividade e estes resultados, eu dizia, são como destroços num oceano. Podem agregar-se e dar apoio a quem os considera essenciais. Podem até formar uma plataforma sólida criando assim uma ilusão de universalidade, segurança e permanência. Porém a segurança e permanência podem ser varridas num átimo pelas forças que permitiram que elas emergissem. Eu achava que dar aulas e escrever ensaios era uma coisa, e que viver era outra, e aconselhava meus alunos a procurar seus centros de gravidade fora de qualquer profissão que escolhessem. É neste sentido que eu ridicularizava a noção de propriedade intelectual e os padrões que obrigam o autor a referir o mais minúsculo e insignificante fato intelectual à sua fonte. Eu sabia que a recusa em definir minha vida em termos de uma profissão ou de ações específicas não lhe dava, entretanto, conteúdo, mas ao menos estava consciente de que tal conteúdo existia e prescindia desta ou daquela atividade particular. Estava consciente, mas não particularmente preocupado. De qualquer modo, não sentia necessidade de me aprofundar no assunto.

Hoje creio que o amor e a amizade desempenham um papel importantíssimo e que sem eles mesmo as mais nobres realizações e os mais fundamentais princípios permanecem pálidos, vazios e perigosos. E ao falar de amor não me refiro a um compromisso abstrato tal como um "amor da verdade" ou um "amor da humanidade" que, tomados em si mesmos, têm frequentemente estimulado estreiteza mental e crueldade. Tampouco me refiro aos fogos de artifício emocionais que se autoconsomem rapidamente. Não posso dizer verdadeiramente o que pretendo, pois isto circunscreveria e delimitaria um fenômeno que é uma mistura constantemente em mutação de solicitude e iluminação. O amor tira as pessoas de suas "individualidades" limitadas, expande horizontes e muda tudo que está em seu caminho. Todavia, não há mérito neste tipo de amor, ele não está sujeito nem ao intelecto nem à vontade; ele é o resultado de uma constelação afortunada de circunstâncias. É um dom, não uma conquista.

Em 1991, vi um filme, *Martha e eu*, de Jií Weiss, com Marianne Sägebrecht e Michel Piccoli. É a história de um menino que é seduzido pela empregada da casa e enviado a seu tio, um famoso ginecologista. Mas ao invés de passar um sermão, o tio inicia o menino em imagens eróticas e livros para adultos. O ginecologista tem uma bela esposa, muito mais jovem do que ele, mas a expulsa quando, ao voltar de uma conferência, a encontra na cama com um homem da idade dela. Ambos deixam a casa seminus – para o estupor do menino e, pode-se supor, de sua ulterior educação. O ginecologista se casa com sua empregada, Martha, uma mulher gentil, mas sem dotes particulares. Os parentes se revoltam – uma mulher comum, uma mera empregada, tornando-se parte de uma família incomum? Depois do casamento, o ginecologista conhece a família de Martha – dois irmãos, ambos camponeses. Um dos irmãos se torna ofensivo – o ginecologista é judeu e ele é antissemita. Lembro ainda da estranha sensação que tive neste ponto: identifiquei-me com o homem, fiquei completamente de seu lado. Agora ele era uma pessoa marcada – para quem? Para mim? E se esta última hipótese for a correta, isto significava que a retórica antissemita que me cercara por anos não tinha sido de todo ineficaz?

O ginecologista perde pacientes. Uma estrela de David é pintada na parede de sua casa. Este simples evento, que se passa em poucos minutos, me causou uma profunda impressão. Pela primeira vez eu *senti*, num pequeno grau, o que significava ser escolhido e rotulado como um pária. Eu não havia entendido estes eventos antes, nem sequer os tinha notado. É verdade que me debulhara em lágrimas aos nove anos de idade com *A cabana do Pai Tomás* e estremecera ao ler como a inocência, a esperança, a bondade, como vidas inteiras foram destruídas pelo ódio, cobiça e egoísmo. Mas estas tinham sido reações desordenadas, desvinculadas do pensamento ou de um caráter emotivo ou moral coerente. Agora, uma longa vida e a boa fortuna de ter encontrado Grazia me deram afinal um traço de tal caráter, algo de onde partir, algo para dar forma ao resto de minha existência.

Voltando a este episódio, concluo que um caráter moral não pode ser criado por alguma forma de ação planejada, seja científica, política ou artística. Da mesma forma que o verdadeiro amor é um dom, não uma conquista, ele depende de acasos como o afeto dos pais, algum tipo de estabilidade, amizade e um consequente equilíbrio delicado entre a autoconfiança e uma preocupação pelos outros. Podemos criar condições que favoreçam o equilíbrio, mas não o próprio equilíbrio. Culpa, responsabilidade, obrigação – estas ideias fazem sentido quando o equilíbrio está presente. São palavras vazias, mesmo obstáculos, quando ele está ausente.

Mas o que podemos fazer numa época como a nossa que não alcançou ainda o equilíbrio? O que devemos fazer com nossos criminosos, seus juízes e auxiliares, quando filósofos, poetas, profetas que tentam nos impingir seus padrões, e quando nós mesmos, que somos colaboradores, vítimas ou simples espectadores ainda estamos num estado de barbarismo? A resposta é óbvia: com poucas exceções agiremos de maneira bárbara – vamos punir, matar, mover guerra contra guerra, professores contra alunos, "líderes intelectuais" contra o público e uns contra os outros, vamos falar de transgressões em termos morais altissonantes e exigir que as violações da lei sejam contidas pela força. Mas embora continuemos a viver desta maneira, deveríamos ao menos tentar dar uma oportunidade aos nossos filhos. Deveríamos oferecer-lhes amor e segurança ao invés de princípios, e sob circunstância alguma deveríamos onerá-los com os crimes do passado. Eles podem ter que lidar por gerações com as consequências físicas, jurídicas e financeiras de nossos atos e com o caos que deixamos atrás de nós – mas eles são livres de qualquer culpa moral, histórica ou nacional. No que me toca, por certo não posso desfazer minha incerteza e indiferença durante o período nazista. Tampouco creio que posso ser culpado ou responsabilizado por meu comportamento. Responsabilidade supõe o conhecimento de alternativas, o conhecimento de como escolhê-las, e que este conhecimento seja usado para descartá-las, por covardia, oportunismo ou fervor ideológico. Mas eu posso relatar o que pensei e fiz, o que penso hoje destes pensamentos e atos e por que mudei.

Grazia leu alguns de meus artigos e criticou-os por inteiro – a linguagem, a apresentação, as ideias. Nem uma só página escapou ao seu *non capisco*. A maior parte de meu livro *Adeus à razão* (uma outra colagem) seria monótona e incompreensível não fossem suas gentis mas determinadas intervenções. Eu, por minha vez, li parte de seu trabalho e fiz sugestões aqui e ali. Após dez anos destas trocas, nossas visões ficaram bastante semelhantes, exceto que Grazia conhece uma quantidade de detalhes e tem a habilidade que me falta de abranger as ideias simples por trás de uma mensagem densa e complexa. Ela estudou física como eu mas foi além – seu estudo não foi diluído por mistura filosófica. Ela tinha um grande talento neste campo, estava na vanguarda da pesquisa e uma esplêndida carreira descortinava-se diante dela – alguns de seus colegas chegaram a prever um Prêmio Nobel. Contudo, ela abriu mão de tudo isto. Tendo visto de perto a miséria humana na Índia, ela quis fazer algo para mitigá-la e a física, pensou, não era a matéria certa para isto. Guiada mais pela intuição do que por um plano claro, ela mudou para Berkeley, descobriu uma maneira de se formar em saúde pública e começou uma carreira nova em conservação ambiental e desenvolvimento. Neste campo ela adotou e aperfeiçoou uma abordagem chamada *Primary Environmental Care* (PEC, desenvolvimento ecossustentável de comunidades), que trata os problemas ambientais "de baixo", isto é, sem estratégias globais nem com base em programas desenvolvidos em escritórios distantes, mas caso por caso, sempre permanecendo em estreito contato com os problemas, desejos e opiniões das populações locais. Ela visitou comunidades na Etiópia, Equador, Costa Rica, Brasil, Los Angeles (!), Uganda, Tanzânia e em outros lugares. Foi há pouco chamada para dirigir o programa de política social do World Conservation Union (WCN) perto de Genebra. Admiro profundamente sua inteligência, perseverança, força na adversidade, gentileza (que, diga-se de passagem, não a impede de ser bem assertiva em certas ocasiões) e, especialmente, a maneira como ela esconde todos estes talentos e realizações. Pois no contato pessoal Grazia é tão direta e imediata como Spund costumava ser, e eu a comparo frequentemente àquela criatura gentil e fiel. É surpreendente que eu me comporte como um adolescente recém-casado e continue a aborrecer amigos, conhecidos e totais desconhecidos falando dela?

15 Esmaecimento

Quando escrevi o título deste último capítulo, no verão de 1993, eu pensava em meu esmaecimento *profissional*. Nada mais de ensaios, acabar um livro curto, dar conferências ocasionais para pagar alguma viagem junto com Grazia. Esperava passar o tempo lendo, passeando no bosque e dedicando-me à minha mulher. As coisas não correram bem assim.

No início dos anos 90, Grazia e eu participamos de numerosas conferências. Em Florença encontrei velhos amigos como Marcello Pera, Hilary Putnam, Bob Cohen, Ian Hacking e fiz novos, como Bas van Fraassen. Estava frio e ventava; uma noite passeávamos perto do Duomo em todo seu esplendor. Havia conversado muito com Grazia sobre a época em que Siena, Florença e Orvieto – cidades relativamente pobres para os padrões modernos, assoladas por guerras, e atingidas por doenças incompreensíveis – conseguiram criar monumentos tão grandiosos. O espírito daquela gente, fortalecido pela sua fé, está ainda diante de nós, um coração vivo no centro de uma cidade. Para este encontro de Florença eu escrevera uma fala que seria publicada – mas falei sem o manuscrito. A sala estava lotada de pessoas que acreditavam que eu fosse um astro, algo que eu simplesmente não podia entender.

Fui também algumas vezes a Locarno, e uma vez fiz uma palestra sobre as dimensões históricas do racionalismo. Não foi uma boa fala – li parte dela, pulei algumas linhas aqui e ali e acabei fazendo confusão. Em 1990, recebi o Prêmio Fregene, junto com Alberto Moravia, o Príncipe de Gales, o autor de um livro de receitas e o autor de um livro sobre abuso de meninas. O prêmio, atribuído a cada ano por realizações em vários campos, era pela minha última coleção de ensaios – *Adeus à razão* – que acabara de ser publicada em italiano. Ganhei a passagem de ida e volta Zurique – Roma, uma bela mas pesada estatueta de metal e fui entrevistado pela TV italiana. Foi na mesma época em que o cardeal Ratzinger, o perito papal em assuntos doutrinários, fez uma declaração em Parma discutindo o caso de Galileu e me citando em apoio de sua posição.

Em Palermo, conhecemos Alain Robbe-Grillet, que estava mais interessado em Grazia do que em seus amigos intelectuais. Fomos convidados a Spoleto, onde acrescentaram um apêndice filosófico ao "Festival dei Due Mondi" de Giancarlo Menotti. Lá, em 1991, conheci Steven Jay Gould, que me contou ter tirado suas ideias sobre o equilíbrio pontual do *Contra o Método*, e fez uma conferência empolgante sobre o tema de seu livro *A maravilha da vida*. Em 1993, fomos pela segunda vez a Spoleto e ouvimos uma execução magnífica do *Requiem* de Berlioz, em frente ao Duomo. E conseguimos também, finalmente, ver uma representação de *Gianni Schicchi*, uma de nossas óperas favoritas. Conhecemos Jerome Bruner e ouvimos uma palestra sobre a teoria do caos por John Barrow. Como de hábito, tentei desconstruir todo tipo de conceitos gerais que ocorreram durante a palestra nos debates que se seguiram. Houve outras viagens, para a Holanda, Nápoles e Viena, e muitos dias tranquilos em Roma.

Num certo momento, nestes últimos anos, fui convidado a fazer parte da comissão editorial de uma nova revista, *Common Knowledge*, publicada pela Oxford University Press. Nesta função, tive que escrever colunas e "pequenas resenhas" sobre livros recentemente publicados, que escolho e recebo sem despesas. Achei a combinação de retórica e argumento inerente à escrita de colunas muito agradável. Nada de argumentação longa e exaustiva, mas observações breves, aglutinadas por fragmentos de raciocínio. Imagens e observações impertinentes cercadas de pensamento, ou pensamento temperado com audácia e imagens: uma coluna é essencialmente um *minestrone*.

Contrariando meus hábitos do passado (durante anos recusei ser entrevistado pelas mais e menos respeitáveis revistas e tevês), comecei a dar entrevistas para várias revistas e estações de rádio e TV europeias, e até gostei disto. Também comecei minha autobiografia, principalmente para lembrar meu período no exército alemão e como vivenciei o nacional socialismo. Esta, porém, demonstrou ser uma boa maneira de explicar como minhas "ideias" estavam entrelaçadas ao resto de minha vida.

Prometi para Grazia um livro sobre a "realidade", que está tomando forma muito lentamente e cujo título provisório é *A conquista da abundância*. O livro deverá mostrar como especialistas e pessoas comuns reduzem a abundância que os cerca o os confunde, e as consequências de suas ações. Ele é principalmente um estudo do papel das abstrações, noções matemáticas e físicas especialmente, e da estabilidade e "objetividade" que parecem trazer consigo. Discute como emergem tais abstrações, como são apoiadas pelos modos comuns de falar e viver, e a mudança como resultado de argumentação e/ou pressão prática. Procuro também enfatizar a ambiguidade essencial de todos os conceitos, imagens e noções que pressupõem mudança. Sem ambiguidade não há mudança, nunca. A teoria quântica – como interpretada por Niels Bohr – é um perfeito exemplo disto.

A conquista da abundância deveria ser um livro simples, de leitura agradável e fácil compreensão. Entre meus motivos para escrever *Contra o Método* estava o de libertar as pessoas da tirania dos ofuscadores filosóficos e de conceitos abstratos como "verdade", "realidade" ou "objetividade", que estreitam a visão e as maneiras de ser das pessoas no mundo. Ao formular o que eu acreditava ser minha própria postura e convicções, infelizmente acabei introduzindo conceitos igualmente rígidos, tais como "democracia", "tradição" ou "verdade relativa". Agora que estou consciente disto, me pergunto como pode ter acontecido. O anseio de explicar as próprias ideias, não de modo simples, não numa história, mas por meio de uma "explicação sistemática" é de fato muito forte. De que outra maneira poder-se-ia explicar que um destacado produtor teatral como Herbert Blau – um artista capaz de tornar claras para atores e audiências peças opacas – tenha escrito um tratado sobre teatro com afirmações incompreensíveis e desprovidas de sentido? Não se trata de uma dificuldade inerente ao assunto em questão. Platão, Aristóteles, Brecht e Dürrenmatt escreveram sobre teatro de modo agradável e compreensível. É o desejo de ser grande, profundo e filosófico. Mas o que é mais importante? Ser compreendido pelo público em geral ou ser considerado um "pensador profundo"? Escrever de maneira simples, de modo que pessoas sem preparo específico possam entender não significa ser superficial. Eu exorto todos os autores que querem se comunicar com as pessoas a manter distância da filosofia, ou ao menos que evitem ser intimidados e influenciados por ofuscadores como Derrida lendo, ao invés disto, os ensaios populares de Schopenhauer ou Kant.

No final de 1993, o título deste capítulo assumiu um novo significado. Estou parcialmente paralisado, num hospital, com um tumor cerebral inoperável.

Eu não gostaria de morrer logo agora que finalmente consegui me "sistematizar" – também em minha vida privada. Gostaria de ficar com Grazia e apoiá-la e fortalecê-la quando houver problemas. Depois de passar a vida lutando pela solidão, eu queria viver em família, contribuindo com a minha parte, esperando-a, por exemplo, com o jantar e algumas piadas prontas em sua volta do trabalho. Poderíamos mesmo tentar os métodos mais avançados para ter filhos; mas temos que esperar para ver como se desenvolve minha doença, e esta não é uma posição agradável de se estar, justamente agora que Grazia esperava tanto de uma nova vida que teríamos juntos. Escrever colunas para uma revista pode mesmo ter melhorado meu estilo de escrita, e o livro que prometi a ela poderia vir a ser simples e luminoso, mostrando como razão e emoção podem coexistir em uma produção "acadêmica".

Grazia está comigo no hospital, o que é uma grande alegria, e ela enche o quarto de luz. De certo modo, estou pronto para partir, malgrado todas as coisas que ainda gostaria de fazer; mas por outro lado, estou triste por ter de deixar este mundo esplêndido, e especialmente Grazia, a quem eu gostaria de acompanhar por mais alguns anos.

* * *

Estes devem ser os últimos dias. Nós os sorvemos um por um. Minha última paralisia veio de algum sangramento dentro do cérebro. Eu queria que depois de minha partida ficassem algumas coisas minhas, *não* escritos, *não* declarações filosóficas finais, mas amor. Espero que isto fique e não seja muito afetado pela maneira de minha partida final, que eu gostaria que fosse tranquila, na forma de um coma, sem luta contra a morte e más lembranças deixadas atrás. O que quer que aconteça agora, nossa pequena família pode viver para sempre – Grazia, eu e nosso amor. Isto é o que eu gostaria que acontecesse, a sobrevivência não intelectual, mas do amor.

Um par de semanas depois de Paul escrever estas palavras, o tumor comprometeu o centro de dor de seu cérebro e ele precisou de doses extremamente elevadas de morfina. Ele estava habituado a analgésicos, tendo sofrido dores lancinantes toda sua vida em consequência de seu ferimento de guerra (isto, bem como a prodigiosa quantidade e variedade de suas leituras são aspectos importantes da vida de Paul que ele mal menciona em sua autobiografia), mas os médicos ainda assim se surpreenderam que ele pudesse suportar tanto e por tantos dias. Era 11 de fevereiro de 1994 e Paul estava num tipo de coma induzido há mais de uma semana. O correio trouxe uma carta da editora italiana Laterza, dizendo que estavam entusiasmados com a autobiografia e dispostos a publicá-la em breve. Eu estava angustiada e exausta, mas fiquei feliz com as boas novas e contei-as a Paul com alegria em minha voz. Ele respirava lentamente e de certo modo tranquilamente. Poucos segundos depois já não estava. Estávamos sozinhos, de mãos dadas, e era meio-dia.

Grazia Borrini Feyerabend

SOBRE O LIVRO

Coleção: Prismas
Formato: 14 x 21 cm
Mancha: 24 x 42.5 paicas
Tipologia: Times 11/13
Papel: Offset 75 g/m² (miolo)
Cartão Supremo 250 g/m² (capa)
1ª edição:1996

EQUIPE DE REALIZAÇÃO

Produção Gráfica
Edson Francisco dos Santos (Assistente)

Edição de Texto
Fábio Gonçalves (Assistente Editorial)
Nelson Luís Barbosa (Preparação de Original)
Fábio Gonçalves (Revisão)
Oitava Rima Prod. Editorial (Atualização Ortográfica)

Editoração Eletrônica
Oitava Rima Prod. Editorial

Projeto Visual
Lourdes Guacira da Silva Simonelli

Impressão e acabamento